조작된 말

수사학총서 · 15

조작된 말

필리프 브르통 지음 | 박선희 옮김

La parole manipulée

Philippe Breton

KOREA UNIVERSITY PRESS
고려대학교 출판문화원

La parole manipulée

by Philippe Breton

옮긴이의 말

이 책은 프랑스에서 유대인과 무슬림에 대한 외국인 혐오를 앞장서서 선동하는 인종주의 정당 '국민전선'의 정치적 부상을 목도한 필리프 브르통의 위기의식에서 탄생한다. 로마의 제국주의와 전체주의, 두 차례의 세계대전 후 냉전체제를 마지막으로 서구 사회의 대중들은 더 이상 조작 없는 정의로운 민주주의 사회에 살고 있다고 생각하지만, 여전히 조작과 선동이 계속되는 민주주의의 허상을 목격한다. 브르통은 이를 고발함으로써 대중들의 경각심을 불러일으킨다.

그는 우리가 살고 있는 민주주의 체제에서도 여전히 조작과 선동이 존재하며, 정치판을 넘어 광고와 산업, 공적 영역의 세계로 침입해 이전보다 더욱 더 그 영역을 확장하며 체계화하고 있다고 경고한다. 설득하기 위한 모든 곳에서 대중을 상대로 조작하고 미혹하여 자기들이 원하는 결과를 따르도록, 인지적이거나 정서적인 조작과 선동을 가하고 있다는 것이다. 이에 저자는 고대 로마에서부터 현대 서구 민주사회의 각 분야에서 발생한 여러 조작과 선동의 사례를 그 예로 제시하고, 그 조작기법들을 체계적으로 분석한다.

1997년 프랑스에서 처음 출판된 이 책에 드리워진 저자 브르통의 시선은 20세기에 멈춰 있다. 이 책의 사례에서 제시되는 프랑스의 통화 단위가 '프랑'인 것이 이 사실을 잘 드러낸다. 그러나 프랑이 사라진 후 새로운 통화, '유로'를 사용하는, 우리가 살아 내고 있는 21세기의 대중은 브르통의 염려보다 더 거센 조작과 선동에 휩쓸려 있다. 프랑의 시대에서 브르통이 분개한 인종주의와 정치적 조작들, 상품과는 무관한 이미지로 소비자를 현혹하는 광고의 상업성은 21세기 유로의 시대에 더욱 거칠다. 브르통은 20세기에 대중 상대의 조작이 일어나는 매체로 신문과 TV, 잡지와 같은 아날로그 시대의 미디어를 주로 언급하고 있지만, 21세기에는 지상파 TV뿐만 아니라, 종편 채널, 인터넷, SNS, 유튜브와 같은 영상 매체 등 대중이 접하는 디지털 미디어의 영역이 더 넓어져, 브르통의 염려보다 더 다양한 매체의 소용돌이 속에 휩싸여 있다. 그 정보들은 여전히 우리를 '설득'하는 형식으로 '조작'한다. 때로는 거짓 정보를 진실과 교묘히 혼합하여 인지적인 조작을 가하기도 하고, 때로는 감성을 뒤흔드는 정서적인 조작을 하는데 이것은 이전과 마찬가지다. 인간에 대한 예의를 저버린 막말과 진실과 거짓을 교묘히 혼합한 거짓 정보들로 대중을 혼란스럽게 하고, 믿고 싶어 하는 자들의 그릇된 신념에 더욱더 강한 확신을 심어 주는 일이 바로 지금 우리 주변에서 벌어지고 있다. 일부 대중들은 그런 미디어의 조작을 인식하고 경계하나, 자신의 주변인들이 거기에 현혹되어 확신에 찬 신념으로 고착화되는 것을 목격하고 절망한다.

대중이 이처럼 조작에 약한 것은 지금까지 우리가 어떻게 남을 설득하는가와 그 설득이 어떻게 나에게 유리한 결과를 이끌어 내는가에 대해서만 관심이 있을 뿐, 남의 설득에 미혹당하지 않고 스스로 판단하여 주체적으로 수용하는 방법에 대해서는 말하지 않았기 때문이라는 브르통의 주장에 관심을 기울여야 할 때다. 대중을 미혹하는 방법을 가르치는 커뮤니케이션 전문가들은 판을 치지만 정작 그들은 어떻게 하면 조작에 속지 않을 수 있는지를 가르치지 않는다는 것이다. 이에 브르통은 논증을 하되 조작에 넘어가지 말고 조작과 맞서 싸워 조작을 좌절시킬 것을 요구한다. 이 책에서 결국 저자가 제안하는 해결책은 조작을 당하기 않기 위해 고대 수사학의 방식으로 돌아가서 토론하고 논증하는 법을 배워 "타인들과 막힘없이 소통하면서도, 쉽게 영향을 받지 않는 존재가 되는 법"을 배우는 것이다.

2020년 봄

박선희

차례

서론

1950. 대중들은 담배가 건강에 해롭다는 것을 인식하기 시작한다. 계속해서 담배를 피우던 이들은 자신들의 행위가 위험하다는 것을 알게 되고 점점 더 담배의 유해성을 인식하게 된다. 담배 판매가 격감하고 제조업자들은 이에 동요해 이 난관을 타개하고자 "구매 동기 연구" 전문가들에게 도움을 받기로 결심한다. 이 전문가들은 매우 효율적인 캠페인을 만들어 내고, 그것은 오늘날까지 지속되고 있다. 이 캠페인은 점점 더 많은 지속적인 소비에 이르는 흡연 욕구를 많은 대중들을 상대로 인위적으로 창조하는 데 대성공한다. 그 전문가들은 이때가 수천 명의 사람들을 실제로 사망시킨 "암 발병이 대유행"하기 시작한 시기라고 말한다.

1958. 알제리 민족해방전선(FLN)의 레지스탕스들을 상대로 심리전을 벌이던 한 프랑스인 대령은 공포를 이용한, 정당한 계략을 사용해 알제리 전투원들을 배신당하게 만든다. 석방된 죄수들에게 건네진, 진실과 거짓 정보가 뒤섞인 몇 통의 간결한 편지는 이 지하단체의 지도자로 하여금 아무런 죄가 없는 2천 명에 가까운 그의 동지들을 몇 달 만에 고문하고 암살

하게 만든다.

1970. 상품의 영역이 점점 더 넓어지면서 선정적인 여성들이 광고에 등장하기 시작한다. 그들의 존재는 그 자체로는 놀랍지 않으나, 이 존재가 유발하는 정서적인 혼합은 이 존재 없이는 발생하지 않았을 구매 행위로 이끈다. 이 모든 것은 라조니Lajaunie 감초 사탕의 상징적인 광고에서 절정에 달한다. 그 광고는 그 조그만 사탕을 사실 그 분위기와는 전혀 어울리지 않음에도, 자비롭게 상반신을 드러낸 모델 덕분에 당대의 취향으로 자리 잡게 한다.

1980. 머지않아 공산주의가 종말할 것이고, 미디어, 특히 텔레비전의 전방위적인 발전이 심리적인 압박과 선전술에 종말을 고할 것이라고 믿고 있는 사회에 "커뮤니케이션"이라는 신기한 기술들이 화약처럼 번진다. 새로운 관리 방식이라는 비호 아래, 다양한 "세미나들"이 기업체와 그 밖의 장소에서 시작되고, 영향력 있고 설득력 있는 "새로운 미국식 방법들"을 전파시킨다. 이 미국식 방법들이 전하는 효율적인 약속에 매료된 많은 사람들은 직업 생활과 개인 생활에 이 방법들을 사용하기 시작하나, 많은 기업체들의 업무 분위기는 체계적으로 파괴되고 수많은 개인 관계가 깨지는 대가를 치르게 된다.

1990. 대중은 티미소아라Timisoara의 가짜 시체안치소[1] 사건에 충격을 받고 깜짝 놀란다. 그다음 해 모든 것이 소위 "수술적 조치이자 올바른" 걸프 전과 함께 시작한다. 대대적인 미디어 조작의 시기가 시작된 것으로, 앞

1 (옮긴이 주) 1989년 루마니아 혁명 당시에 티미소아라 시체안치소에서 발견된 시신들의 수를 특종 경쟁에 몰입한 미디어가 과장한 사건. 당시 언론들은 현장 취재 없이 타 언론들의 보도를 혼합하는 과정에서 시신들의 수를 부풀려 보도했다.

의 두 사건은 미디어 조작이 가장 명확히 드러난 현상들 중 하나에 불과하다. 이 사건들이 객관적이지는 않을지라도 적어도 정직하기는 한, 어떤 정보의 증거처럼 보임에도 불구하고, 미디어들은 이제 신뢰받을 때에 그 신뢰가 항상 평가당해야 하는 가장 취약한 고리인 것처럼 보인다.

1990년대 말. 위대한 선동가들이 이때부터 각광받는다. 그들은 시청자들을 텔레비전 앞으로 다가오게 만들고, 선거에서 전례 없는 성공을 거둔다. 도처에서 정치적인 분위기는 와해되고 정치인들에 대한 신뢰는 낮다. 더 이상 누구도 공공장소에서 벌어지는 토론을 망가트리는 조작적인 기술들에 어떻게 맞서야 할지를 알지 못한다. 벽보를 붙이던 어느 날 밤, 거리를 지나가던 한 코모로 청년을 지지자들이 살해한 사건을, 수백만 명의 TV 시청자들 앞에서 설명하라는 요구에, 프랑스의 어느 극우 정당의 대표는 자기 사람들이 피해자들이고, 그 피해자가 잘못한 것이라고 설득한다. 이후 그 대표와 보좌관들은, 그런 담화 조작을 분석할 능력이 없는, 별 차이 없는 기자들 앞에서 "유대인들의 로비"가 프랑스 공화국의 대통령 자리를 좌지우지한다고 설득하는 데 성공한다…. 이방인들의 존재와 프랑스 사회가 인식하는 모든 문제들을 연결한 인지적인 혼합이자, 여론 조작으로 만들어진 단순한 생산물이 전례 없는 성공을 거두어 일부 좌파 세력조차도 거기에 속아 넘어간다.

이 모든 예들은, 완전히 의식적으로 사용되는, 조작의 정확한 기술들을 공통적으로 보여 주고 있다. 이 기술들은 교육되며, 서점에서 팔리는 교재들의 대상이기도 하다. 그 사용을 정당화하려는 연구자나 지식인들이 존재할 정도이다.

이러한 기술들의 존재감은, 합리적이고 투명하여 민주적인 "소통 사회"로 인식되는 우리 사회에서 약화되기는커녕 나날이 더 크게 느껴진다. 이 기술들은 사실상 별 다른 저항을 받지 않은 채, 감정 관계와 사적 관계의 세계와 마찬가지로 공적 관계, 광고, 정치 세계에 침입한다. 그것들은 인지적인 조작의 힘뿐만 아니라 정서적인 조작을 적절하게 사용한다. 전자는 위조되거나 근거가 없는 추론 속에 대중을 가두며, 후자는 유혹이나 에로티시즘, 최면, 반복들을 사용해 다른 곳에서는 받아들여질 수 없는 메시지들이 강력하게 소통되게 한다.

대중들은 오늘날 무수한 조작적 시도의 대상이라는 것을 인식하고 있는가? 특히 정치 선전과 광고 형태로 나타나는 이 기술들은 유려한 문체로 많이 읽히는 문학의 대상이기도 했다. 그러나 1980년대 초 이후로 이 주제는 마치 더 이상 당면 과제가 아닌 것처럼, 걸프전 후의 짧은 기간을 제외하고는 지적 장면처럼, 시사 문제에서 사라져 버렸다. 이 책에서는 반대로 미디어가 발달된 민주적인 우리 사회에서 오늘날 조작이 대거 발전하고 있으며, 이러한 기술들로 우리 환경이 포화상태가 되어 버린 그 결과가 충분히 과소평가되고 있다는 것을 주장하려 한다.

첫 번째로 이 책에서는 담화를 조작하는 기술들이 사용되는 그 자체가, 그 방법들이 지지하는 가치나 동기들과는 별도로, 우리 민주주의의 본질과 사회관계에 영향을 미친다는 것을 강조하려 한다. 이 조작을 옹호하는 것은, 주장하는 이유가 무엇이든, 그것이 과거에는 타당하든 간에, 우리를 완전히 자유롭다고 주장할 수 없는 남녀로 만들며, 아직 완전하게 완성되지 못한 체제에 있는 우리의 민주주의를 변형시킨다. 더구나 오늘날과 같은 개인주의 세상에서 이제 막 싹을 틔우는 내적 침잠, 사회적 불균형, 새로운 형태의 신新제노포비아 등이 발전하는 것은 아마도 이런 조작 행위들이 굳

건히 존재하기 때문일 것이다.

두 번째로 이 책은, 사용하는 방법 차원에서뿐만 아니라 주장하는 가치 차원에서도 해로운 메시지들을 더 잘 "해독"하고 싶어 하는 이들을 돕고자 한다. 그런 의미에서 이 책은 밴스 패커드Vance Packard가 "은밀한 설득persuasion clandestine"에서, 그리고 세르주 차코틴Serge Tchakhotine이 "정치 선전이 행하는 대중 모독viol des foules par la propagande politique"에서 이미 실현한 성과들을 계승하고 구체화한다.

세 번째로 이 책은 논증에 관한 논의가 다시 되살아나는 데 기여하고자 한다. 설득은 어떻게 하는 것인가? 토론이나 토의, 미팅에서 자기의 체면을 지키면서도 동시에 납득하기를 원하는 사람들을 연결하는, 오늘날 매우 위협당하고 있는, 매우 특별한 이 사회적 관계의 본질이란 어떤 것인가? 민주주의는 어떤 부분에서 말에 무언가를 빚지고 있는가?

내 관점으로는 커뮤니케이션에 관한 매우 흥미로운 지점들 중에 하나일 것 같은 이런 주제를 수년간 연구하면서 나는 대중들 사이에서 골치 아픈 질문 하나를 자주 접해 왔다. 논증하는 것은 상대방에게 어떤 권력 형태를 행사하는 것은 아닌가, 그 상대에게 영향을 미치는, 즉 그 사람을 상대로 조작하는 어떤 왜곡된 방식이 아닌가? 이에 바로 논증일 것 같은 것과 조작일 것 같은 것 사이의 경계에 대해서 깊이 생각해 볼 필요가 제기되었다. 논증이 타자를 존중하는 것이라면, 조작은 상대방으로 하여금 어떤 의견을 공유하거나 그런 행동을 선택하도록 강압적으로 강요하기 위해서 그 사람의 자유를 박탈하는 것이리라.

존중과 폭력 사이에는 이러한 경계가 존재하며, 우리가 사회에서 취할 수 있는 행동에서와 마찬가지로, 언어에도 잠재적으로 각인되어 있다. 이 경계는 실제 아직도 구축되고 있으며, 이것이 사라진다면 우리의 민주주의가 맞서야 할 가장 심각한 위협이 될 것이다.

그런데도 이런 위협을 왜 거론하지 않는가? 작금의 일들이 이런 생각을 갖게 한 유력한 자극제가 되었다. 프랑스에서 극우 세력이 성장하는 것과 그 추종자들이 사용하는 선전적이고 조작적인 방법들이 민주주의에 치명적인 위험을 안겨 준다는 것을 생각하지 못하는 우리 민주주의의 무능함이 이 책을 반드시, 그리고 빠른 시간 안에 저술하도록 만들었다.

1 조작의 영속성

조작에 대한 비판은 20세기 내내 중요한 위치를 차지했다. 제1차 세계대전 기간 동안 모든 주요 인사들이 혁신적이고 체계적으로 사용한 선전은 경고 신호로 작동했다. 검열이 사라져 그럴 만한 상황이 되자마자, 이 기술들은 신문기자나 문인, 지식인과 같은 가장 독립적이고 의식 있는 인사들로부터 직접적인 비판을 받는다.

1930년대부터 정치계에서 광고판에서, 그리고 빠르게 번진 "인간관계"라는 광범위한 세계에서 일반화된 이런 방법들은 조작되지 않은 자유로운 말을 통해 민주주의가 보장되는 것을 경험한 모든 이의 일부로부터 강한 저항을 불러일으켰다. 전후로 수많은 신문기사들과 저작들이 간간히 발행되어 서구 민주주의 중심부에까지 조작기술이 만연해 있다고 고발했다. 이런 비판의 길잡이 역할을 한 두 저서《정치 선전이 행하는 대중 모독》과《은밀한 설득》[1] 덕분에 조작의 대상인 대중들이 조작 시도들을 알게

---

1 Serge TCHAKHOTINE, *Le Viol des foules par la propagande politique*, Gallimard, 1952와 Vance PACKARD, *La Persuasion clandestine*, Calmann-Lévy, 1958, 1984.

되었다.

그러고 나서 아무것도 없다. 1980년대부터 조작을 비판하던 목소리는 시사 현안에서 갑자기 사라지게 된다. 그때부터 선동이 과거에 속한 것으로 여겨지면서, 광고에 가해지던 비판적인 시도들은 오늘날 그 강도를 잃어버린 것 같다. 프랑스의 사회학자 질 리포베스키Gilles Lipovesky의 주장들처럼 어느 정도 합의가 이루어진 것처럼 보인다. 리포베스키는 예를 들어 광고는 "의식 형성 능력과 지도 능력을 제외한 모든 것을 모두 가지고 있다"라고 주장한다. 모순어법을 두려워하지 않는 이 학자는 광고를 "대수롭지 않은 하나의 능력"[2]이라고 덧붙인다. 많은 지식인들, 예를 들어 프랑스의 장 보드리야르Jean Baudrillard 같은 이들은 광고에 엄격했던 사람들임에도 불구하고 손을 놓았고 더 이상 이 주제에 관해 언급하지 않는다.

정치 분야의 조작에서도 같은 현상이 나타난다. 비판이 이처럼 너무 쉽게 사라지는 바람에 이런 것을 항의하는 마지막 사람들은 일부 조작 방법들을 고발하기보다는, 주로 극좌파들의 경우, 자신들의 이데올로기적 입장에서 행동한다. 그러다 보니 놈 촘스키Noam Chomsky가 "선전"에 저항하는 마지막 보루가 되었으나, 촘스키는 선전 그 자체보다는 선전의 쓰임새, 즉 "미국적 제국주의"를 위한 "합의 제조"에 더 관심을 가졌다.

그 원인은 이제는 경멸적인 용어가 되어 버린 선전이 역사가나 사용하는 범주가 되었다는 데 있다. 정보조작은 "전쟁 무기"로서의 지위를 인정받고, 이것도 위급할 때에만 마지못해서 사용되는 것으로 여겨진다. 심리적인 조작도 우리의 지평에서 사라진 것처럼 보인다. 새로운 비평의 대상인, 미디어 권력은 자주 그 존재를 드러냄으로써 우리가 "커뮤니케이션 사

---

2 Gilles LIPOVETSKY, *L'Empire de l'éphémère*, Gallimard, 1987.

회"로 진입했을 것이며, 이 "커뮤니케이션 사회"에서는 의식에 개입해서 영향을 미치던 낡은 방식들이 더 이상 소용없을 것임을 증명한다. 베를린 장벽의 붕괴는 많은 이들에게 냉전으로 인해 두 진영 내에서 정치와 조작의 결탁이 합법적이었던 한 시기의 종말을 고했다.

그렇지만 1989년 "루마니아 혁명"과 1990년과 1991년에 일어난 이라크 전쟁 당시 정보 조작은 우리의 경각심을 불러일으켰다. 세큐리타테 Securitate[3]에 의한 가짜 시체 안치소의 희생자들, 잔인한 이라크인들에 의해 "전기를 차단당한" 쿠웨이트의 가짜 조산아 인큐베이터들, 끈적한 바다 기름띠에 잡힌 진짜 새들, 이 기름띠는 진짜였으나 이런 짓을 했다고 추정되는 그 마찬가지의 잔인한 이라크인들이 사는 곳과는 수천 킬로미터 떨어져 있었다. 그때는 여론으로부터 만들어진 조작된 멋진 주장들이 생산되던 시기였다.

그러나 이 두 사건은 이것 외에는 모든 것이 잘 되어 간다는 것을—규칙을 확증하는 낡은 예외의 공리—증명하는 데 사용되었다. 루마니아인들은 관례라고 변명했다. 동쪽의 정치 경찰들이 사용하던 오래된 방법을 다시 되풀이하게 한 것뿐이었다는 것이다. 미국인들은 출구가 보이지 않는 전쟁을 거의 혼자서 치르고 있었다. 정보 조작은 이 경우에 그들이 평소 사용하던 지능적이면서 구체적인 무기의 하나였을 뿐, 그들에게 그 이상도 이하도 아니었다. 여론 조작에 관한 수많은 책들이 그다음 달에 등장했으나, 그 후로 그것에 관한 언급은 더 이상 없다. 전쟁은 어쨌든 끝났다.

광고 분야에서는, 그 주동자들이 애착을 가질 만한, 그리고 밴스 패커드가 비난했던, 가장 명확하게 보이는 과장들, 특히 "고객의 잠재의식을 겨

3 (옮긴이 주) 루마니아 공산 정권 치하의 비밀 정치경찰.

냥하는" 광고(다른 메시지들 안에 숨어 있는 메시지들, 예를 들어 총 25개의 이미지들 속에 삽입된 두 번째 이미지가 시청자가 의식하지 못하는 상황에서 시청자에게 영향을 미치는 것)를 지금은 더 이상 사용하지 않는다. 따라서 그런 의심스러운 메시지들이 존재함으로써 다른 모든 메시지들은 대중을 "존중하는" 것처럼 여겨지도록 정당화된다. 잠재의식을 겨냥하는 광고가 존재하지 않았다 할지라도, 그런 광고는 만들어져야 했을 것이다!

"이단종파들"의 현상이 미디어로 많이 전파되면서 이 분야에서 다른 것을 돋보이게 하는 역할을 하기도 한다. 두 사회가 있다고 가정하면, 하나는 자유로운 인간들로 구성된 어떠한 영향에도 굴하지 않는 우리 사회일 것이고, 다른 하나는 의식을 조작당하게 하는 행위가 주인처럼 지배하는 이단종파들의 사회일 것이다. 이 즈음에서 진정한 문제 하나가 제기되기는 하나, 그 경계가 그토록 견고한 것인가? 한 이단종파에 참여하지 않는다고 해서 우리가 조작 시도들의 잠재적인 목표가 아니라는 것을 정말 보장할 수 있는가?

조작은 아직도 존재하는가?

선전 활동, 정보조작, 여론의 심리조작은 이 20세기 말의 찬란한 지평에서 사라졌을까? 그리스식의 민주적인 공공 광장의 이상은 달성될 것인가? 우리에게 약속된 완전한 커뮤니케이션 사회는 그 아첨꾼들이 상상하던 것보다 먼저 실현될 것인가? 조작은 과거에 속할까? 그 조작은 망신을 당한 정치체제들, 이제는 사라지고 있는 정치체제들에만 한정되는 것일까? 오늘날 널리 알려진 세 가지 논거들이 이런 방향을 논의하기에 적절해 보인다.

옹호할 더 많은 동기들?

조작은 아직도 존재할 것이고, 우리의 민주주의 사회에서 어느 정도 발전하고 있을 것이라는 생각을 반박하는 첫 번째 논거는 이제는 옹호하기 위한 동기들이 더 이상 없다고 말하는 것이다. 과거 냉전의 종말은 "이데올로기"의 종말을 의미할 것이며, 선전은 그 활동가들도 부족하고 기반도 잃은 채 그렇게 사라졌을 것이다. 아마도 아주 먼 곳의 이국적인 체제를 제외하고는 말이다. 그리하여 1997년 봄, 미디어들은 로랑 데지레 카블리아 Laurent Désiré Kablia가 자이르의 정당들을 대상으로 기획한 "선전 실습들"에 일종의 희열을 느끼며 보도했다. 카블리아가 행한 이미 낡아빠진 그 방식은 우리 서구인들은 자유로운 인간들이기에 오래전에 집어치운 것들이리라. 그러므로 모든 수단들이 제대로 작동되고 있을 서구와 그 외의 지역에서는 오늘날 옹호해야 할 더 많은 동기들이 없는 것인가?

이런 논거는 세기말에 우리가 아낌없이 사용하고 있는 옹호할 다양한 동기들의 존재와 맞닥트릴 수 있다. 우리는 이 부분에서는 과거 시각의 결과적 희생자들이다. 과거에 옹호되었던 동기들은 그 이후에도 여전히 관련된 것처럼 보인다. 오늘날의 동기들은 훨씬 더 "진리"에 가까운 듯 보인다. 그 동기들이 훨씬 더 강하게 조작된 "의견 순화" 과정을 거치기 때문에 그러하다. 따라서 이론으로서뿐만 아니라 특히 이데올로기로서 자유주의는 "탈이데올로기 된" 하나의 시각으로, 세상에 관한 "현재의 현실적인" 관점으로 가장 자주 제시된다. 이제 자유주의는 존재하기는 하나 우리가 그것을 공유하거나 공유하지 않는, 옹호할 하나의 동기처럼 보이지 않는다.

틀림없이 미래에는 자유주의가 선전적인 형태의 방법들이 사용되었던, 과거에 옹호하던 동기들이 될 것이다. 모든 일이 벌어진 이후에 선전이 명확하게 보이는 일은 언제나 쉽사리 있는 일이다. 과거에 그 선전에 복종했던 이들은 좀처럼 그것을 의식하지 못하곤 했다. 여기에 조작을 부추기는 동기들 중 하나가 존재하는 것이다. 걸프전은 일이 벌어진 이후에 그 필수성이 설명되었다. 당시에는 실제로 서구 대중들을 대상으로 벌인 다양한 정보조작이나 조작들을 명확하게 밝힐 만한 분석이 거의 제대로 존재하지 않았다. 우리가 접근했던 그 사건의 이미지들은 상당히 "사실적"이었다. 조작하는 것은 바로 사실인 것처럼 보이는 사실의 이미지를 만드는 것이다.

"이제는 옹호할 동기가 없다"는 주장은 정치 분야에서 극우로 새 단장을 한 낡은 주제와 정체성적인 긴장의 강력한 재부상과 그럼에도 충돌한다. 프랑스 정치권은, 다른 유럽 정치권들과 마찬가지로, "이민자들의 문제"에 대체로 관심이 없는 것인가? 이 낡은 정치선전 주제가 극우 유권자들을 넘어서서 오늘날 성공하지 못했다고 부정하기는 힘들다.

다른 한편으로는 "옹호할 동기"라는 개념이 특이하게 확산되고 있다. 광고 세계는, "커뮤니케이션의 세계"와 마찬가지로 이것에만 자신의 존재를 의지하고 있다. 생산품이건 회사건, 인도주의적 행동이건 간에 그런 식으로 옹호되는 동기들이 되어 버렸다. 자세히 들여다봐야 하는 우리의 환경은 가능한 모든 분야에서 우리를 설득시키려고 하는 메시지들로 가득 차 있다. 현대의 인간은 그렇게 영원한 간청의 대상인 것이다.

민주주의와 조작

말을 조작하는 것은 냉전의 종말과 함께 사라졌다는 생각을 지지하는 두 번째 논거는 조작은 전체주의와 가깝고, 의견의 자유는 민주주의와 당연히 가까운 것으로 연결시키는 것이다. 그러한 논거는 설득을 위해 사용되는 방법들이 그것들이 사용되는 사회의 지배적인 가치들에 밀접하게 의존한다는 것을 전제한다. 파시스트적인 정치 제체는 "당연히" 선전적일 것이고, 민주주의는, 그 또한 "당연히" 그런 방법들을 배제할 것이라는 것이다. 이런 규칙의 유일한 예외는, 예를 들자면 걸프전 중에 일어난 여론 조작 시도와 같은 일시적인 재발, 국가 안보의 중대한 위협과 언제나 관련된 그리고 그렇게 정당화되지 않을 이유가 없는 재발일 것이다. 따라서 이러한 논거는 우리는 민주주의 체제 안에 있으므로 조작된 여론도, 조작 의도도 더 이상 없다는 사실을 전제한다.

이런 논거에 대해서는 표현되는 가치와 이념, 의견과 이것들을 옹호하기 위해 사용되는 방법 사이에 매우 견고한 장벽 하나를 세워야 된다는 주장으로 반박할 것이다. 이 부분은 필수적이다. 왜냐하면 우리는 이 두 측면을 구분하기도 힘들고, 예를 들어, 민주적인 이념이 그렇지 않을 방법으로 옹호될 수 있다는 것을 상상하기 힘들기 때문이다. 오히려 우리 시대는 그 가치가 "올바르다"고 판단되면 그 방법들에 대해서는 제대로 보지 않는 경향이 있다. 그 관점은 민주적일 것이며, 사용되는 방법들도, 그것들이 무엇이든지 간에, 민주적일 것이라고 생각하기 때문이다.

민주주의는 "당연히" 조작과 관련이 없다는 이런 논거의 배경은 오늘날 한 정치체제에서 현대적인 인간은 자유롭다는 믿음에 근거하는 것이다. 이러한 자유는 그 인간에게 "정보가 제대로 전달되고", 마찬가지로 "자유로운" 미디어들이 사회를 "투명하게" 할 때에 가능해질 것이다. 그것은 조작의 무독성을 보장할 민주주의도 아니며 많은 미디어들이 보장할 "소통적 사회"도 아니다. 그런데 조작이 확장되는 과정에서, 미디어가 옹호하는 집단이 무엇이든지 간에, 미디어가 결정적인 역할을 하는 경우가 많다는 것은 오늘날 잘 알려져 있다. 미디어가 조작을 간파하는 강력한 요소이기는커녕 조작의 가장 중요한 매체가 되는 일이 자주 발생하는 것이다.

마찬가지로, 어느 정도는 대칭적으로, 어느 독재 체제가 여론을 왜곡하지 않거나 조작을 하지 않은 채 설득할 수 있다는 것은 상상하기 힘들다. 이것은 사실 다니엘 요나 골드하겐Daniel Jonah Goldhagen이 히틀러가 독일 주민의 상당수를 차지하는 이들을 제거하는 인종차별주의적인 행동을 명백한 강압 없이 할 수 있었다고 주장하면서 제기된 질문이다.[4]

그러므로 우리에게 중요한 것은 목적의 세계와 수단의 세계를 명확히 구분하는 것이다. 이것은 적용 범위가 넓은 다음 가정 하나를 가능하게 한다. 민주주의 체제가 그 내부에, 어떤 경우에는 대량으로, 조작일 수도 있는 논증과 토론, 담화 전파 방법들을 품을 수 있는가? 우리가 이 책에서 계속 살펴볼 이 가정은 전체주의 체제와 민주주의 체제 사이에 사용되는 방법들이 연속적일 수 있다는 것이다. 이런 가능성은 정보 조작과 선전 개념들의 역사적 범주에 의해서 증명되듯이 현재로서는 인정받지 못하고 있다. 따라서 우리는 조작의 보편적인 특성을 확인하기 위해서 그것을 광범위한 범주로 성찰해야 한다. 조작의 보편적인 특성은 그런 방식으로 논증된 동기들과 그 동기들을 사용하는 정치체제들을 넘어선다.

효과없는 조작?

세 번째 논거는 설득을 목표로 하는 많은 기업체들이 사실상 조작을 하면서도 — 광고의 경우처럼 — 당사자들은 유머로 엄숙함 없이 "부드럽게"

4 Daniel Jonah GOLDHAGEN, *Les Bourreaux volontaires de Hitler, les Allemands ordinaires et l'Holocauste*, Seuil, Paris, 1997.

실천하여, 결국 모든 커뮤니케이션은 조작이며 영향이라는 것을 인정하는 것이다. 이런 차원의 사고에 이르면, 대중 여론은 그때부터 "성숙기에" 이르게 될 것이다. 조작기술들(예를 들어, 광고나 정치인들이 행하는)이 강력하게 존재한다 할지라도, 그 기법들이 아무런 효과가 없다는 사실로 상쇄될 것이다. 왜냐하면 그 기법들의 목표 대상인 청중들에 의해 즉시 "해독"될 것이기 때문이다.

조작이 여기 우리 주변에 바로 존재한다는 생각을 인정하기 가장 어려운 이유는 조작당하고 있다거나 또는 조작을 당했다고 말하게 되는 것이 썩 유쾌한 일은 아니기 때문이다. 아무런 영향을 받지 않는다고 스스로 생각하는 편이 더 나은 것이다. 그런데 모든 조작의 첫 번째 단계는 바로 그 대상이 자신은 자유롭다고 생각하게 하는 데 있다. 우리 사회는 현대 사람들이, 그들 자신이 영향력을 미치는 모든 시도들의 대상이라는 것이 분명한데도 불구하고, 자유롭다는 (광고가 대체로 이런 메시지를 사용한다) 생각을 보다 광범위하게 퍼트린다. 우리 부모님들, 예를 들어 1, 2차 세계대전 사이에 살았던 이들이, 그들이 따랐던 메시지들이 선전이었다는 사실을 명확히 인지했을지는 확실하지 않다. 그렇지만 그들도 마찬가지로 자유롭다고 생각했다. 어쨌든 조작이 "부드럽기"를 바라는 모순 어법을 경계해야 할 것이다. 조작된 말은 하나의 폭력이다. 우선 그 말이 영향을 미치는 사람에게 그러하고, 다음으로는 그 말이 우리 민주주의의 중심 기둥이 된다는 점에서 그 말 자체에 대해서도 그러하다.

커뮤니케이션학은 영향을 미치는 과정의 효과들을 밝힌 최초의 학문이었다. 이 학문 분야의 상당수 연구는 대중들이 조작적인 효과에 저항하게 되었다고 주장하려 할 것이다. 미국 연구자 엘리휴 카츠Elihu Katz의 계열체적인 문구를 빌리자면, "미디어가 사람들에게 하는 것"에 대한 것보다는 "사람들이 미디어에게 하는 것"에 대해 오늘날 관심을 갖는 것이 더 나을 것이다.

하나의 조작 과정이 미치는 영향들은 매우 다양할 수 있다. 그 영향들을 조작이 조작적인 의도와 관련하여 "제대로 되"거나 "제대로 되지 않"거나 하는 단순한 양자택일로 축소할 수는 없을 것이다. 조작은 그것이 단순히 "효과적"일 때보다, 말과 사회관계에 더 치명적일 수 있는 다른 효과들을 발생시킬 수 있다. 이러한 과정을 추적하는 것이 아마도 가장 흥미로울 것이다. 질문 하나가 바로 제기된다. 오늘날 그런 영향에 대한 자폐를 강화하거나 유발하는 방어 전략들은 없는 것인가? 현대적인 개인주의에서 점점 더 발전한 어떤 형태들과 조작된 말 사이에 작용하는, 아직 밝혀지지 않은 어떤 연결 지점은 없는 것인가? 그 경우에 사람들이 기대하는 효과는 아닐지라도 조작이 효과가 없지는 않을 것이다.

무엇이 조작인가?

앞의 세 논거에 보다 깊이 답변하기 위해서는, 이 책이 해야 할 역할로 돌아가 조작이 행해진 바로 그곳에서 조작적인 방법들을 연구하는 비평 전통을 다시 시작할 필요가 있다. 이미 지나쳐 오거나 역사로 남겨졌다고 말하는 이 범주들에 대해서 자문해 보아야 하고, 정보조작과 선전에 사용된 방법들이 오늘날에도 여전히 살아 있는 것은 아닌지 생각해야 한다. 이 분야에서 혁신이 일어나지는 않았는지도 생각해야 하며, 새로운 실천 방법이 나타나지는 않았는지도 생각해야 한다. 그 효과가 잘 알려지지 않아 우리 사회가 새로운 방법들에 미약한 저항을 한 적은 없는지도 잘 살펴야 한다.

규범적인 구분

조작을 분석한다는 것은 어떤 규범적인 관점으로 기술한다는 것을 전제하며, 이 규범적인 관점이란 "합법적인" 설득과 그렇지 않을 설득을 구분하게 해 줄 것이다. 이런 작업이 위험하다는 것은 자명하다. 이 시대는 —조금 후 다시 여기에 대해서 논의를 하겠지만— "합법적인 말"이라는 것과 그렇지 않을 것 사이에 규범적인 구분을 지으려는 시도에 공감하지 않는다. 이런 모든 형태의 시도는 검열 의도로 흔히 치부되곤 한다. 그렇지만 본질적인 어려움이 거기에 있는 것은 아니다. 사실 문제는 오히려 규범적인 기준을 정의하는 데 있다. 규범적인 기준은 실천을 구체적으로 분석하는 경우처럼, 이론적인 면에서 충분히 정확할 것이고, 다른 한편으로는 명확한 전제들을 가지고 있을 것이다.

"조작적"이라는 말은 보통 그것에 복종하는 이들의 자유를 빼앗는 강압적이고 폭력적인 행위로 들릴 것이다. 이런 의미에서, 그것은 옹호하는 동기가 무엇이건 간에, 그런 수단들을 사용하는 사람을 수치스럽게 하고 명예를 떨어뜨린다. 이런 정확한 정의는 인간관계와 관련하여 "조작"이라는 용어를 사용하는 일부 저자들의 방법론적 관점에서 필수적일 것이다. 어떤 이들에게는 모든 것이 조작일 것이고, 다른 형태의 가능한 설득 방법은 존재하지 않을 것이다. 물리적인 폭력과 조작 사이에 양자택일만이 있을 것이며, 이 모든 것을 고려하여, 그러한 추론에 의하면, 따라서 조작이 더 나을 것이다. 이처럼, 리오넬 베랑제Lionel Bellenger는 설득에 관해서 쓴 어느 저서에서 조작을 비난할 의도로 "설득하는 자"가 "설득당하는 자"에게 진정하고 자유로운 동의를 보장할 수 있을 것"이라고 주장하는 관점의 "유토피아적 이상"을 언급한 바 있다.[5]

우리로서는 복잡할 것 없이 이 "유토피아"라는 것에, 적어도 규범적인 기준점으로서 동의한다. 실제로 인간 사이에서 "자유롭고 진실된" 관계라는 희망을 어떻게 포기할 수 있는가? 그들이 보이는 것보다 더 자주 이런 관계에 집착하고 있기 때문이다. 이런 관계를 필수적인 규범으로 삼는 민주주의적 관점을 가진 이들이 특히 어떻게 그것을 포기하겠는가? 우리가 하려는 조작적인 행위들을 기술하는 것은, 반대로 인간관계에서 바람직한 실천 행위들의 공간을 그리는 것에만 흥미가 있을 뿐이다. 이것은 여기서 문제가 되는 "규범"이라는 의미에서 바로 그러하다.

한편으로 우리는 이런 접근 방식에서 이 문제들을 다룬 대부분의 연구들이, 그것들이 내세운 초기의 원칙적 선언이 무엇이건 간에, 합법적인 방법들과 그렇지 않은 방법들로 나누는 문제들을 피하지 않는다는 사실에 부딪힐 수 있다. 우리는 어떻게 타인에게 영향을 미칠 수 있게 해 주는 그 모든 방법들을 정당화하는 위험 없이, 즉 세상에 대한 파렴치한 어떤 관점만을 채택하는 위험 없이, 다르게 행동할 수 있는가?

조직된 거짓말

조작은, 때로는 유일한, 다음의 중심 전략에 의지한다. 청중이 토론할 자유나 청중에게 제안된 것에 저항할 자유를 가능한 한 완벽하게 축소시킨다. 이런 전략은 눈에 보이지 않아야 한다. 그것이 노출되면 조작적인 시도가 있다는 것을 드러내기 때문이다. 조작을 분명히 드러내는 어떤 계산

5 Lionel BELLENGER, *La Persuasion*, PUF, "Que sais-je?", Paris, 1985, p. 4.

이나 전략이 있다는 사실을 드러내지 않는 만큼, 조작은 대중들의 눈에 자신의 존재를 은폐시킨다. 그러므로 조작적 방법들은 존재를 숨긴 채로 진행된다.

조작 행위에서, 메시지는 속이거나, 잘못을 저지르거나 아닌 것을 믿게 하기 위해서 메시지의 인지 차원이나 그것의 감정적 형태로 이해된다. 그 메시지는 그러므로 언제나 거짓이다. 이런 확언에 대해서 우리는, 예를 들어 인종주의적 선전을 하는 경우에, 일부 극우 선전가들이 그런 관점을 주장할 때, 그들 스스로 그런 관점을 믿는다고 반박할 수 있을 것이다. 바로 정확히 이 지점에서 주장되는 어느 관점(여기서는 인종주의, 이것은 "인종"들 사이에는 계급이 존재한다고 믿는다)과 그 관점을 주장하기 위해 사용되고 구성될 다양한 발화들(예를 들어, "이방인들"과 "문제들"을 혼합하거나, 인종들이 평등하지 않다는 "과학적인 근거")을 구분할 필요가 있다. 극우주의자들은 자기들이 인종주의자이며 우리도 그렇게 되는 것이 —그들의 관점에서— 좋을 것이라는 것을 알리는 것에 만족하지 않는다. 메시지를 가공하며, 그 메시지는 거짓 전략에 속하기 때문에 조작이 존재한다는 것이다.

인종주의에 어떤 과학적인 근거를 제시하고자 하는 시도를 예로 들어보자. 인종주의는 오랫동안 어떤 "과학적인 실제"로 제시되어 왔다. 오늘날, 안타깝게도, 다시 새로운 관심을 불러일으키는 이런 명제는 아마 다른 방식으로 더 많이 저항했을 수많은 사람들에게 그런 감정이 정당하다고 설득한다. 그렇지만 어느 극우 지도자도 인종주의가 과학적으로 근거가 있다고 믿을 수는 없다. 아는 바와 같이, 이런 이유를 위한 과학자들의 노력에도 불구하고 이런 관점으로부터 어떠한 근거도 제시된 바가 없었기 때문이다. 기껏해야 그들은 어느 날 이런 이론들이 과학적으로 근거를 갖출 것이고 그래서 그들의 믿음이 증명될 것이라고 생각하는 것이다.

그러므로 실제 의견—그들이 동조하는 인종주의적 감정—과 그들이 그것을 옹호하기 위해서 제시하는—조작적인—메시지 사이에는 차이가 있다. 이 차이는 어떻게든 청중의 찬동을 얻어 내려고 하는 자신의 능력에 따라 어떤 메시지를 인위적으로 구성하는 도처에서, 정치계나 커뮤니케이션, 광고에서 관찰된다.

저항을 제압하기

조작적인 행위는 그것이 어떠한 저항이나 반대에 개입하거나, 또는 최소한 조작자가 설득하고자 하는 것에 즉각적인 거부가 있을 때 개입한다는 사실로도 특징 지을 수 있다. 그런 경우가 아니라면, 이런 방식을 실행할 필요가 없을 것이다. 프랑시스 고예Francis Goyet의 멋진 표현을 빌리면, 사막에서도 전도하지 않고, 이미 개종한 자에게도 전도하지 않는 설득의 공간에 바로 우리가 들어와 있는 것이다.[6] 조작할 때는 논증하기를, 즉 말을 서로 교환하려 하지 않고, 그저 그것을 강요하려 한다.

조작은 어떤 이의 정신에 불법으로 침입하여 어떤 생각을 심어 주거나, 어떤 행동을 유발하려 한다. 그 어떤 이는 불법침입이 있었다는 것을 알지 못한다. 모든 문제는 여기 스스로 조작적임을 숨기는 이런 행위에 있다. 바로 여기에 조작의 필수적인 폭력이 있는 것이다. 실제로, 명확한 상호작용을 토대로 하는 물리적 폭력과는 다르게, 조작을 담고 있는 심리적이거나 인지적인 폭력은 자신의 존재를 감추기 때문에 훨씬 효율적이다. 조작적

6 Francis GOYET, *Rhétorique de la tribu, rhétorique de l'État*, PUF, Paris, 1994.

인 메시지를 구성하는 기술적인 메커니즘들은 자신에게 대립할 수 있을 저항을 규명하고, 그 과정 자체를 은폐하는 이 두 가지에 몰두하기도 한다. 바로 이 지점에서 설득하려 애쓰는 동시에 어떻게 거기에 전념하는지를 설명하는 논증과 분명한 차이가 있다.

조작적인 말은 이런 관점에서 침묵과 기이한 관계를 유지한다.[7] 논증은 대화 중에 숨을 돌리는 침묵들을 마련하여, 상대방에게 생각하거나 반대하거나 수용하거나 거부할 가능성을 남겨 둔다. 하지만 조작은 서로 간의 상호작용에서 침묵을 몰아세워서 굴복 외에는 다른 선택이 없는 일련의 순간 속에 상대를 감금시키는 특징을 가진 것처럼 보인다.

우리는 지금까지 조작이 민주주의 사회에서 어떤 중요한 자리를 차지하였다는 사실을 거부하는 세 가지 논거를 분석했다. 그 첫 번째는 현대 사회에서는 옹호할 "동기들"이 더 이상 없다는 것을 전제한다. 두 번째는 전체주의와 조작을 절대적으로 연결한다. 세 번째는 조작 행위의 존재는 인정하나 그것의 효과를 상당히 약화시킨다. 우리는 조작적인 말을 조직된 거짓말과 청중의 자유 박탈, 청중의 저항을 제압하기 위한 도구라는 세 가지로 정의하기도 했다.

말이 그처럼 조작된다는 사실에 우리는 왜 무관심할 수 없는가? 이 질문에 대답하기 위해서는, 인간 사회에서 말의 중요성, 특히 설득하기 위한 말의 중요성을 강조하는 것으로 시작해야 한다. 말이 우리의 사회적·문화적·정치적 삶의 중심에 있기 때문에 말이 그 삶의 주요한 쟁점이 되는 것이다.

---

7 침묵과 커뮤니케이션의 관계에 대해서는 David LE BRETON, *Le Silence*, Métailié, Paris, 1997을 참고할 것.

2

말의 중요성

말은 인간을 명확하게 하는 것이다. 말은 표현, 정보, 확신이라는, 말의 세 가지 필수 구성 요소 위에서 전개된다. 이런 의미에서 말이 구축하는 커뮤니케이션 방식들은 동물들을 동일 종으로 분류하는 방식이나, 기계들을 분류하는 방식과는 근본적으로 구분된다. 그것들도 나름대로 소통 능력이 있다는 것을 알고 있더라도 말이다.

기계, 특히 컴퓨터는 정보를 제공한다. 기계는 특히 그것을 잘 해낸다. 기계는 특히 정보를 다루고 전달하는 데 있어 안전한 것을 목표로 구상되었다.

동물도 정보를 제공한다. 이 정보는, 기계의 경우처럼, 종 내부에서 교환되는 신호이며 환경이 발생시킨 다른 신호들을 다루는 능력이기도 하다. 정보를 다루는 이 능력은 그 자체로 스스로를 초월하지는 못한다. 조르주 귀스도르프Goerges Gusdorf가 언급한 것처럼, "동물은 기호를 알지 못하며 오직 신호만 알 뿐이다. 이것은 전반적인 형태로 인식되나 세부적으로 분석되지 않은 어떤 상황에 대한 조건반사이다. 동물의 행동은 자기가 참여하고는 있지만 자신이 지배하지 않는 어떤 사건에 의해서 제공되는 유일하게 명료한 요소들, 유일한 표징들, 감각에 의한 자신의 성향들, 자신들의 필요에 의해서 자기가 속해 있는 어떤 구체적 존재에 적응하는 것을 목표로 한다."[1]

동물이 정보를 주거나 받는 것에 만족하는 것은 아니다. 동물도 자신에게 제공되는 모든 영역의 감정들, 기쁨, 고통, 분노를 표현할 줄 안다. 그러나 이 감정들은 결국 정보적인 영역에 머물며, 종 내의 다른 구성원들에 적응해야 하는 행동적 요구들에 굴복하고, 환경에 굴복한다.

인간에 대해 말하자면, 다양한 강도로 동물 세계, 그리고 기계 세계와 공유하는 정보와 표현이라는 두 영역을 연다. 이것은 어떤 관점, 계획들을 가지며, 자신을 둘러싼 세계와 관여하는 완전히 혁신적인 능력이다. 인간은 설득하려는 욕망으로 움직이는 확신에 찬 존재이다.

인간의 근본이 되는 말

설득하는 것은 인류가 겪는 특별한 경험이다. 동물은 정보를 주고 표현하기는 하지만 결코 설득하는 입장에 처하지는 못한다. 동물은 그러면 어떤 특별한 관점에서 어떤 확신으로 자신을 위해 대변자를 만들까? 정보를 다루는 기계는, 때로 그런 상황을 뒤집고자 하는 환상에도, 확신에 찬 어떤 시도의 주역이 되는 자격을 갖고 있지 않다. 기계는 의식도 없고 고유한 관점도 없다. 인간만이 설득한다. 이런 사실이 아마도 인간을 담화적 존재로 만든다.

1 Goerges GUSDORF, *La Parole*, PUF, Paris, 1952.

인간에게 설득한다는 것은 복잡하고 다양한 측면을 지닌 행위이다. 이 부분과 관련하여 대체로 받아들여진 바로는, 이것은 명확하게 밝혀진 어떤 계획을 따르도록 실질적인 환경을 납득시키는 것(뼈를 날카로운 화살로 제작한다거나 이동에 필수적인 가방을 꿰매기 위해서 바늘 형태로 만드는 것)이며, 다른 사람을 어떤 의견을 공유하도록, 혹은 어떤 행동을 선택하도록 설득하는 것이다. 인류학적인 차원에서, 설득하는 능력은 아마 그런 기술 그 자체의 모태일 것이며, 이것은 도구들을 제작하는 능력처럼 구체적인 기술들이나 지적인 기술들과 관련된다.

인간의 말은 표현하고, 정보를 제공하고, 설득하는 이런 세 영역을 포함하는 것이다. 이것은 이 세 요소들이 독창적으로 혼합한 결과이며, 그중에서 설득하는 것이 가장 뛰어난 역할을 할 것이다.

말은 퇴보의 결과?

유일하게 담화를 구성하면서 살아가는 인간의 이러한 특수성은 어디서 왔는가? 우리들의 지식이 의존하고 있는 그 모든 증거들(턱들, 치아들, 사지와 골격의 뼈들)이 한 보따리 안에 들어 있는 이 영역에서, 우리는 사변적인 가정들이라고 비난을 받지만, 인간화 과정의 동력이자 중심으로서 말에 도달한 것은, 모든 관점에서, 그럴듯해 보인다.

여러 경향이 뒤섞인 선사학자들의 연구들은 인간화로의 진행은 바로 특별한 커뮤니케이션 형태로의 발전과 연결되어 있다는 것을 보여 주는 것 같다. 이런 커뮤니케이션 형태는 인간과 인간이 벗어난 나머지 동물계를 근본적으로 구분해 주는 것이다. 그러나 우리가 알고 있는 일반 상식과는 다르게 이런 구분은 어떤 발전이기 이전에 어떤 퇴보의 결과일 수 있을 것이다. 그들 중 일부가 초기 유인원이 하는 몸짓을 하다가 인간이 되어 버렸을 수도 있는 동물의 사용 정보를 다루는 멋진 능력들, 우연이거나 또는 우연이 아닌 퇴행에서 비롯된 것은 아닐까?

기본적인 적응력을 상실했다는 가설은 고인류학자들에 의해서 각자의 방식대로 발전되어 왔다. 뤼시Lucy[2]의 "발견자"인 이브 코팽Yves Coppens에 의하면, 인간은 우선 대규모의 지질 변동으로 인해서 새로운 환경, 즉 사바나의 환경에 처한 숲속의 원숭이가 진화한 결과물이다. 모든 지표들을 상실한 이런 초기의 불안정성은 인간에게는 동아프리카에서 인간으로 시작할 수 있는 하나의 가능성이 되었을 것이다. 이처럼 인간은 본능적인 존재에 적합한 정보를 안정적으로, 엄격하게, 완벽하게 다루는 데 실패함으로써, 자신이 현실에 적응하기 위한 끊임없는 노력의 일환으로 말이라는 것을 창조했을 것이다. 세상과 신뢰할 만한 정보적 관계를 상실한, 동물이기를 멈춘 이 존재는 스스로에게 감각을 부여함으로써 세상과의 이 영원한 단절, 영속한 거리를 재건하기에 이른다.

정보에 관한 이런 엄격한 정의에 모두 동의한다면, 동물들 사이의 커뮤니케이션은 철저히 정보적인 것이며, 이것은 분명 말이 되기에는 충분하지 않은 것이라고 주장할 만하다. 동물들 중에서도 가장 복잡한 고등 포유류는 말의 문턱 쪽에 걸쳐 있다. 정보를 교환하기만 하는 동물은 결코 정보 전달망에 오류가 일어나는 경우를 제외하고는 속지 않으며, 무엇보다도 속이지도 않는다. 동물은 자신이 "알린 것"을 언제나 행한다. 공격 메시지를 보내면, 공격하거나 포기하지, 결코 다른 것을 행하지 않는다. 인간의

2 (옮긴이 주) 1974년에 이브 코팽 팀이 에티오피아 북동쪽 아파르 지방에서 발견한 오스트랄로피테쿠스 화석.

말은 발언자가 말한 것과는 반대의 것을 의미할 수 있는 특별한 것이다. 인간은 거짓말하는 유일한 동물이다. 이 말은 주변의 것으로부터 자율적이다. 그 말의 사정거리는 단순한 정보적 전달을 훨씬 넘어선다.

초기 유인원이 유전자에 등록된 본능적인 정보를 반복하는 것을 멈추어버린 그 순간에 인간이 되어 특별한 말을 하는 주체가 되었다고 상상할 수는 없을까? 인간은 물론 정보를 전달하지만 매우 서툴게 수행한다. 인간이 (아마도) 자신의 기원인 원숭이에 비해서 (48개가 아닌 46개로) 염색체 두 개가 부족한 것처럼, 정보를 적절하게 다루는 능력이 그 동물 조상보다는 상당히 떨어져 보인다. 우리의 기억은 보잘것없으며, 매우 불완전한 증거이다. 두 인간이 가장 단순하게, 그리고 가장 명확하게 같은 사건으로 대립한다면, 서로 다른 두 가지 이야기를 생산할 것이고 그들 각자는 자신의 눈으로 본 것을 보았다고 단언할 것이다. 증언을 하는 모든 직업들(경찰관, 법관, 신문기자)이 그렇게 말할지라도, 증거보다 더 신뢰할 만한 것은 없다. 변형시키고 잊게 하고 혼합하는 우리 기억의 그 멋진 능력을 말하지 않더라도 말이다.

정보 차원에서 우리는 진화 단계에서 가장 원시적인 동물들이 수행할 수 있는 능력에 미치지 못한다. 우리가 그저 정보를 저장하고 다루기 위해 만든 기계들은 상상할 수 없는 방식으로 우리를 뛰어넘는다. 평범한 컴퓨터가 수백만 개의 정보를 수 초 안에 어느 하나도 분실하지 않은 채 다룬다. 우리가 동물이나 기계와 구분되는 것은, 증언하도록 요청받은 가장 작은 사실 앞에서 그 증언을 엄밀한 의미에서 완벽한 하나의 이야기로 만드는 데 있다.

인간은 사방에 의미를 부여한다. 인간의 말을 특징 짓는 의미를 지속적으로 생산하는 것을 포기할 수 없다. 그럼으로써 가장 하찮은 동물의 운명을 만드는, 즉 자신의 동류들과 같은 방식으로 현실을 보고, 느끼고, 인지하는 것을 포기해야 한다. 어떤 최소한의 공통 관점에 의견 일치하려면 매우 하찮은 그리고 언제나 다시 시작하기 위한 결과들을 위해서 엄청난 작업을 해야 한다.

그러므로 말은 정보성은 약하나 논증력은 강하다. 이 말은 사라져 가는, 그래서 언제나 재구성하는 어떤 사회적 관계를 찾으려 하는 개인적인 말보다 한 종의 내부에서 덜 표준화된 커뮤니케이션이다. 그런데 이 사회적 관계는 동물계에 변함없이 주어진 것이다.

설득을 목적으로 하는 말의 원천적인, 뿐만 아니라 근본적인 중요성은 이러한 가능성이 한번에 도처에서 명확해졌다는 결론을 이끌어 낼 수 있게 해 주는가? 이런 가능성은 초기의 물질적 기술(도구 제작은 인간화의 시작 단계에서부터 입증된다)에서, 그리고 물질적인 세계를 변형하고 숙달하는 현대 과학에까지 점점 더 자율적인 어떤 계획 안에서 재빨리 자율화되었다. 그런데 사회적인 관계를 구성하는 분야와 언어 분야에서는 어떠한가?

어떠한 설득 관계가 자리 잡는 것을 보려면, 서구에서 그리스인들이 새로운 의미적 세계를 만들어 낼 때까지 기다려야 한다. 그 설득 관계는 이 의미적 세계를 체계적인 기술로 변형시킨다. 어느 단순한 정치체제 그 이상인, 민주주의의 탄생은 설득의 가능성을 현실화시킬 뿐만 아니라, 사회에서 말에 주어진 하나의 새로운 공간이기도 하다.

민주적인 말

민주주의가 아테네의 도시국가에서 문명의 핵심적인 급격한 변화로서 탄생한 것처럼, 민주주의는 진정한 "설득 체제"이다. 고대 그리스와 그 후 로마는 우리에게 특히 정치와 사법 체제를 물려주었고, 이것들은 민주주의 상징이 되었다. 그런데 이 체제들은 적응하는 데 여러 세기가 걸렸다. 설득을 목적으로 말하기 위해 마련된 중앙 광장은 민주적 급변의 가장 근본적이고 가장 영원한 요소이다. 그리스인들이 공들여 만든 세상의 새로운 표현 방식을 명한 그 위대한 가치들은 곧바로 말에 적용되며, 어떤 방식으로는 말을 통해서만이 구체적으로 적용된다.

장-피에르 베르낭Jean-Pierre Vernant은 그리스적 사고의 기원을 연구하면서 "평등"과 "균형"이라는 개념이 갑자기 나타나자 그것이 어떻게 "세상의 새로운 이미지"를 구성하는지를 밝힌다. 이에 대해 베르낭은 "계층을 이루던 어떤 세상의 신화적 이미지는 사라진다 … 세상의 어떤 요소나 부분은 더 이상 그곳에서 다른 이들을 희생시켜서 특권을 누리지 못한다"[3]라고 말한다. 그럼으로써 어떤 새로운 사회 공간이, 개인들이 모두 균형 잡힌 위치를 차지하는 어떤 중심지가 창조된다. 그것이 아고라이며, 베르낭에 따르면, 이것은 "어떤 공동의 공공 공간을 구성한다. 그곳을 거쳐 가는 모든 이들은 이 정치적 공간에 참여함으로써 … 동등한 것으로 정의되며, 그들은 서로서로 완벽한 상호 관계 속에 들어가게 된다."[4]

이런 영혼들의 혁명은 기원전 7-8세기에 진행되었고, 모든 다른 권력

3 Jean-Pierre VERNANT, *Les Origines de la pensée grecque*, PUF, Paris, 1962, p. 121.

4 위의 책, p. 126.

도구들 중에서도 말을 곧바로 가장 두드러지게 뛰어난 것이 되게 했다. 말은 "뛰어난 정치 도구이며, 국가의 모든 권위의 해결책이며 다른 이를 지배하고 명령을 내리는 수단"[5]이 된다.

브누아Benoît는 말이 가장 우선시됨으로써 일어난 새로운 상황을 다음과 같이 묘사한다. "그러므로 정열적이고 변덕스러운 이 군중들, 그들이 발견하고 싶어 하는 그 기술을 너무도 사랑하는 이들을, 가장 격한 논쟁에서, 전투에서뿐만 아니라 달변 활동으로, 말로 사로잡고 이해시킬 줄 아는 웅변가가, 그 능숙한 연설가가 국가의 정부와 그리스 제국을 소유한다. 페리클레스가 거머쥔 주권은 결코 이것에 다름 아니다."[6]

말은 그때부터 어떤 새로운 임무를 담당할 것이다. 말은 조직된 인식 세계에서, 베르낭의 표현을 빌리자면 "현실의 다양한 차원을 보다 엄밀하게 경계 지음으로써"[7] "이제 더 이상 제식을 위한 단어가 아니며, 정의로운 성구도 아니다. 대립되는 토론이고, 토의이며, 논증이다."[8] 산 자들의 세계는 죽은 자들의 세계와 구분되며, 신들의 세계는 인간들의 세계와 구분된다. 분명히 이것은 인간의 고독이 시작된 것이며 설득하기 위한 말, 결정 방식과 행동 근거로서의 말, 사회적 관계로서의 말이 체계를 갖춤으로써 나름대로 인간의 고독을 상쇄한다.

---

5 위의 책, p. 44.

6 Ch BENOIT, *Essaie historique sur les premiers manuels d'invention oratoire jusqu'à Aristote*, 1846, Vrin reprise, Paris, 1983, p. 9.

7 Jean-Pierre VERNANT, 앞의 책, p, 34.

8 위의 책, p. 45.

말, 폭력의 대체물

말은 그러므로 그 자신이 전통적으로 의지해 온 상징적이고 물리적인 이중의 폭력과 권력을 대체하려는 자신의 임무를 수행한다. "명령하지도 않고 복종하지도 않는다", 이것은 에마뉘엘 테레Emmanuel Terray가 그리스식으로 자유를 정의한 것으로, "말은 정치 행위에서 거의 독보적이고 우선권이 있는 도구가 된다"[9]는 그러한 새로운 맥락에서 한 말이다. 말의 균형은 넓은 범위의 문명화된 교환 행위에서 한쪽 말이 다른 쪽 말과 동일한 가치를 갖는 것이다. 개인들 간의 평등과 수평, 새로운 민주적 질서의 이 두 기둥들이 당연한 것은 아니다. 그것들을 다시 구성해야 한다.

천부적인 불평등(신체적, 사회적, 지적인)을 근거로 그리스인들은 이 특별한 발상을 반대할 것이다. 이 발상이란 "사회적 장의 내부에 어떤 정치적 공간을 분리시키고, 이 공간의 경계 밖에서 모든 천부적 불평등들이 작용하게 한다. 반대로 이 경계 내부에서는 이 천부적 불평등들을 무효한 것으로 생각하는 것이다."[10] 말의 평등은 이처럼 하나의 같은 공동 공간 내부에서 확실해진다.

따라서 민주주의 정체성은 말의 실행과 굳게 연결된다. 말의 실행이 뒷걸음질을 치거나 구속당하면 민주주의가 정치 시스템으로서 위협당하는 것이다. 이처럼 말을 자유롭게 해방시킨 그리스인들은 이렇게 만들어진 새로운 공공 공간에서 그렇다고 모든 폭력이 완전히 사라진 것은 아니라는 것을 깨닫는다. 폭력은 실제로 말의 내부 그 자체로 다시 회귀한다. 말

9 Emmanuel TERRAY, "Égalité des anciens, égalité des modernes", *Les Grecs, les Romains et nous, l'Antiquité est-elle moderne?*, Roger-Pol Droit가 재편집한 텍스트들, Le Monde Édition, Paris, 1991, p. 148.

10 위의 책, p. 147.

은 물리적 폭력의 대체물이며, 물론 말의 내부에서 아직도 실행 중일 수 있는 상징적인 폭력의 대체물은 아니다. 언어 표현의 선동가들, 조작자들, 재주꾼들이 그 공공 공간을 침입한다.

대응책 하나가 일시적으로 나타나는데, 도편추방제의 설립이 그것이다. 이것은 말이 미칠 수 있는 영향력으로부터 대중을 보호하기 위한 실제적인 수단이었다. 클레이스테네스가 기원전 487년에 만든 도편추방제의 과정은 그 사람의 말이 그 공공 공간의 기능을 심각하게 균형을 잃게 만듦으로써 다른 시민들의 말을 짓누를 정도로 영향력이 너무 커질 만한 인물로부터 도시국가를 보호하려는 수단으로 이해된다. 한 인물을 10년 동안 그 도시국가에서 추방시키는 이 조치는 징벌로 인식되지 않는다(그 인물은 재산을 그대로 유지하며 시민권이 단시 일지 중단된다). 이 조치는 어떤 관점으로는 명예가 주어지는 것이기도 하다.

민주적인 말이라는 환영

민주주의의 발생은 차후 문명 발전에 깊은 흔적을 남길 것이다. 역사의 흐름에 있어서 마치 설득하고자 하는 세력들이 자유화되었던 것처럼, 어떤 정치체제도, 가장 반민주적인 정치체제조차도, 민주주의를 언급하고, 그것을 이러저러한 방식으로 무대에 올리는 것을 막을 수 없었던 것처럼 모든 것이 흘러왔다. 서구는 그리스인들이 민주주의를 만든 이래로 민주주의의 관점 뒤로 많이 회귀했으나, 말이라는 환영은 여전히 최악의 독재 권력의 복도에서 떠나지 않고 있다.

적어도 민주주의가 그리스에서 그리고 이후로 로마에서 실행된 지 6세기 후에, 이전으로 회귀하는 기막힌 일이 제국이라는 형태 아래서 일어난다. 그때부터 뒤를 이을 집정관들은 시민들을 철의 손으로 내리누르게 할 것이다. 그렇지만 이 시민들은 대를 거쳐서 그들의 공동 미래를 함께 토의하는 데 익숙한 자들이다. 그때부터 말은 근본적인 변형을 겪게 된다. 서기 80년경, 타키투스는 공화정에서 제국으로 바뀌면서 담화가 점점 더 짧아졌다고 단언한다. 그가 말하기를 "웅변술은 과거의 포럼에서 더 잘 개발되었다. 거기서는 극히 짧은 시간에 변론을 전달해야 하는 강제성이 없었고 … 각자가 스스로 자신의 담화 시간을 결정했다."[11] 담화의 크기가 이렇게 줄어들면서 새로운 장르가 탄생한다. 바로 문학이다. 그때부터 기량을 선보일 통로를 빼앗긴 모든 옛 수사가들은 문학으로 도피한다. 구어의 방식이 문어에 유리하도록 바뀐 것이다.

이러한 타키투스의 기록을 언급한 기 아샤르Guy Achard는 어떻게 "단 한 명의 유일 지도자와 함께하는 말을 위한 장소라는 것은 더 이상 존재하지 않는"[12]지 강조한다. 정치 토론은 더 이상 존재하지 않으며, 민주 체제들이 그 말의 내용에 들어 있지 않으므로 "말의 기술이 변경되고 적응할 수 있을 뿐이다. 위선과 비방이 언어 교환에 침투한다 … 말은 현재 상황에 적용되는 것을 피하게 해 주는 모호한 문장들, 정의되지 않은 단어들, 모호한 어법들, 곡언법, 일반적인 격언들로 자주 도피한다. 사람들은 신중해지고 교활하기까지 하다. 군주에게 향하는 아첨과 민첩한 침묵들, 계산된 주장들을 되풀이한다 … 간접 화법의 당사자들은 티베리우스, 칼리귤라, 네로, 도미티아누스 … 치하의 밀고자들이다. 그들은 전달하는 것뿐만 아니라 거짓말하고 거짓 증거를 만들어 내는 데 주저하지 않는다. 정직함을 타

---

11 TACITE, *Le Dialogue des orateurs*, Les Belles Lettres, Paris, 1985, XXXVIII.

12 Guy ACHARD, *La Communication à Rome*, Payot, Paris, 1994, p. 220.

고난 이들은 … 어울리지 못하고 주목당한다."[13]

말은 이 제국 치하에서 조작된다. 그러나 이 새로운 상황은 일종의 옛날 체제로의 복귀임에도 사회는 민주적인 환영에 쫓기게 된다. 결정적인 한 걸음은 한계를 초월당하고, 전체의 기억 속에 말은 피할 수 없는 참고 사항으로 새겨졌다. 모든 담화를 다른 이의 담화와 동등하게 만드는 민주적인 급변은 숨겨진 참고의 역사 속에서 담화를 빼앗긴 사람들에게 소용될 것이다.

독재와 조작

말에 대한 조작과 이후의 그 체계화는, 특히 20세기 내내 조작이 열어젖힌 무한한 잠재성과 민주적인 형태로 조작이 펼친 일시적인 불가능성 사이에 존재하는 긴장이 만들어 낸 산물이다. 조작은 사람들이, 어떤 독재자의 업악 아래에 있는 사람들조차, 여전히 설득되기를 바란다는 사실에서 생겨난다. 이런 사실을 자크 엘륄Jacques Ellul은 독일인들은, 어떤 방식으로는, 선전 활동으로 조작당하기 원했었다고 시대의 흐름에 역행하여 강조한 바 있다.

민주주의가 생겨나기 이전에 정치적인 삶과 사회적인 삶을 조직했던 체제들 간의 차이는 필연적이다. 그 체제들의 적법성은, 수준의 차이 없이, 전 세계 한가운데서 물리적인 폭력이 실행되는 것과 신화, 즉 불평등한 세상이라는 어떤 관점을 혼합하는 믿음의 내부에서 구축되었다. 독재 체제들(억압과 잔인성을 배제하지 않는)에 대해 말하는 것은 아니었다. 민주주의만이, 담화가 존재하기는 하나 선전과 조작 과정 중에 그 담화가 왜곡

13 위의 책, pp. 222-223.

되는 독재를, 은연중에 존재하게 한다.

민주적인 발견 뒤에 주기적으로 나타나는 독재 체제들의 적법성은 이제부터는 하늘이 아닌 지상에서 구성될 것이다. 이것은 그들의 의사에 반하는 것조차도, 희생자들의 동의를 얻을 필요가 없었던 가장 잔악한 독재자까지 의미하지는 않는다. 따라서 로마 제국은 실제로는 사라졌으나, 상상이나 기억에서는 사라지지 않은 이런 민주적 담화의 대용물로서 현대적인 선전 형태들을 고안해 낸다.

자크 엘륄은 로마 제국이 "처음으로 선전 방식으로 정보를"[14] 사용한다는 사실을 상기시킨다. 아우구스투스 시대부터 황제 숭배가 조직된다. 군주에게 충성하는 역사가들의 계보를 창시한 벨레이우스 파테르쿨루스는 일어나는 사건들의 보편적인 움직임은 티베리우스 황제에 이르며, 황제가 그것의 정점에 있다고 말하기 위한 "역사"를 쓴다. 이 역사는, 에륄에 의하면, 그럴듯한 해석들과 선전 타입의 암시들을 매우 능숙하게 섞는다. 결과적으로 물리적인 억압은 거의 발견되지 않지만, 심리적인 압박은 많이 발견된다. 말과 말의 조작을 통해 실행된 상징적인 폭력은 영혼에는 아무런 타격을 주지 않는 물리적인 폭력을 대체한다.

뒤를 이은 서양의 역사를 보면 말이 사회적 관계의 토대를 구축하는, 물론 이상화된, 사회적 모델과 자유로운 담화라는 옛 추억에 오랫동안 매혹되었다는 것을 알 수 있다. 앙시앵 레짐은 대혁명 전까지 이 자유라는 환영에 침식당했다. 이 자유는 생-쥐스트Saint-Just가 "로마인들 이후로 세상은 텅 비었다. 로마의 추억이 세상을 가득 채우고 자유를 다시 예언하게 한

14 Jacques ELLUL, *Histoire de la propagande*, PUF, "Que sais-je ?", Paris, 1967, p. 26.

다"고 할 정도로 그에게서 떠나지 않았다. 혹은 샤토브리앙Chateaubriand은 "우리의 혁명은 부분적으로 문인들이 촉발했다. 그들은 그들의 나라보다는 아테네와 로마에 더 익숙한 이들로서 고대 풍속을 유럽에 다시 들이려고 애쓴 사람들이다"라고 주장한다. 프랑수아 아르토François Hartog는 "혁명은 그 단어가 가진 통상적인 의미에 맞게 어떤 복귀로 제시된다. … 고대로 다시 돌아가게 하는 것이다"[15]라고 상기시킨다.

종교개혁과 반종교개혁으로 서구를 부서뜨린 주요 종교의 분열도 담화 자원들을 대거 동원하게 할 것이다. 종교전쟁은 설득을 위해 사용하는 모든 기술들에 대거 의존한 하나의 주기적인 순간일 뿐이다. "선전"이라는 (오늘날처럼 경멸적인 의미를 지니지 않은) 표현이 이때 만들어진다. 교황 그레고리 15세는 17세기 말에 "신앙 선전을 위한"(*de propagande fide*) 포교성성을 설립했는데, 선전이라는 단어는 설득하기 위한, 그러나 검열로 말을 억압하기 위한 것이기도 한 모든 수단을 쓰려는 그 계획에 주어진다.

기독교의 분열로 인해 중요한 사실 하나가 드러난다. 각각의 사람, 이 경우에는 각각의 기독교도는 어떤 담화의 잠재적 수신자이며, 이 담화는 그를 개신교도이건 가톨릭교도이건 간에 변화시킬 수 있다. 설교단 또는 공공장소에서의 강론은 힘이나 고문으로 어떤 사람으로 하여금 이러저러한 신앙을 받아들이라고 강제할 수 없는 그 모든 상황에서 확신적인 필수 도구가 다시 되어 버린다. 각자는 우리가 그 말의 결과를 기대하는 어떤 담화의 수신자로서, 다시 새로운 주목의 대상이 된다.

---

15 François HARTOG, "Liberté des anciens, liberté des modernes: la Révolution française et l'Antiquité", in *Les Grecs, les Romains et nous, l'Antiquité est-elle moderne?*, 앞의 책, p. 119-138.

20세기, 즉 설득하는 체제

설득하려는 의지는 그때부터 현대 사회를 떠나지 않을 것이다. 19세기와 20세기를 특징 짓는 가치의 대변동은 더욱 가속화될 것이고, 말의 역할은 더욱 증가할 것이다. 세기의 전환점에서 나타난 현대성은 이런 관점에서 가장 크게 차이 나는 서로 다른 것들을 눈으로 보게 될 것이다. 민주적인 공공 광장이 조성되는 것인데, 이곳에서는 말을 가장 세련된 조작적인 홍보 수단으로 삼는 전체주의 체제에서도 말이 제약 없이 소통된다. 설득하려는 담화가 자신의 영향력을 그렇게 확장한다 하더라도, 방어하려는 생각들은 사라지지 않을 것이고, 인류사에서 전례 없을 정도로 다양하게 사회를 변화시키려는 시도들과 세상의 충고들이 서로 맞서게 된다.

조르주 스타이너George Steiner가 지적한 것처럼, 19세기가 거대 이데올로기 담론들이 생산된 시기라면, 그 다음 세기는 그것들이 각축을 벌이는 시기가 될 것이다.[16] 세상을 바라보는 몇몇의 거대 시각과 세상의 미래 사이에 심한 전투가 벌어진다. 20세기를 관통한 주요 분열 요인들을 몇 가지 상기해 보면 예를 들어 마르크스주의와 다양한 자유주의 이론들 사이, 종교적 윤리와 세속적 윤리 사이, 민족주의와 국제주의 사이, 파시즘, 나치즘과 위대한 민주주의 정체들 사이, 인본주의와 인종주의 사이, 과학과 종교 사이, 보수주의자들과 혁신주의자들 사이에서 전투가 벌어진다.

처음에는 서구로 한정되었던 그 쟁점은, 세르주 라투슈Serge Latouche가 묘사한 "세계의 서구화"[17] 과정이 가속화되면서 빠르게 세계화한다. 전 세계가 설득하기 위해서, 자신의 입장에 가담시키기 위해서, 경우에 따라서

16 George STEINER, *Dans le château de Barbe-Bleue,* Gallimard, "Folio essai", Paris, 1973.

는 전쟁력이나 심리적인 조작으로 자신의 시각을 강요하기 위해서 활용할 수 있는 모든 무기 자원들이 동원될 이념의 전투장이 된다.[17]

설득당한 자들과 그 반대편

현대 세계는 둘로 나뉜다. 옹호할 어떤 동기를 가지고 설득을 제대로 실행하는 자들과—별 의견 없이—설득할 대상이 되는 자들이다. 1914년에 시작된 그 세기는 대중들이 움직이던 세기이다. 그러나 형태가 일정치 않은 혼합물, 즉 복종하는 대중으로서가 아니며, 예고된 문명의 변화에 나름의 자리를 차지하기 위해서 그들 자신이 설득하기를 바라고 설득되기를 바라는, 참여를 요구하는 수많은 개인들로서 움직인 것은 아니다. 하나하나의 기독교도가 가톨릭 설교자들이나 개신교 설교자들의 잠재적인 "고객"이자 설득 시도의 대상이었던 종교개혁과 반종교개혁의 시대처럼, 20세기의 대중들은 한 진영에서, 그렇지 않으면 다른 진영에서 그들을 흔들고 싶어 하는 모든 이들의 세심한 관심을 받는 대상이다.

처음에는 어떤 한 개인에 의해 주장된, 세상에 관한 관점들이 몇 해가 지난 뒤에는 대중들에게 불을 붙이고, 여러 나라를 움직이게 하고, 대륙을 뒤엎는다. 한날 어느 젊은 부르주아 지식인의 탁자 모퉁이에서 씌어진 책인, 카를 마르크스Karl Marx의 《공산당 선언》에서부터 보편적 사회주의를 위해서라면 죽을 준비가 된 설득당한 수많은 군중들까지, 수많은 연설가들이 두루 참여한 멋진 신념적인 시도가 무르익는다. 이런 신념적 시도는 물론 민중 계층들의 실망과 희망에 근거하며, 그 이전의 혁명적 전통에 근거한다. 이런 시도는 단지 "선전"이라고 단순화할 수 없는 복잡한 상황들

17 Serge LATOUCHE, *L'Occidentalisation du monde*, La Découverte, Paris, 1988.

속에서 논증과 설득이 가지고 있는 집단적 전환의 가능성들을 보여 주는 사례이다.

말의 힘

다른 한편으로, 뮌헨에서 별것 아닌 지방 폭동 사건으로 투옥된, 어느 낙담한 인종주의자이자 풋내기 독재자의 혼란스러운 말들이 결국은 세계와 유럽 대부분에 죽음과 폭력을 심도록 대다수의 독일인을 설득해 낸 사실을 우리는 잊지 않을 것이다. 이 사건에서 히틀러가 선거라는 방식을 통해서 당선자들 대다수를 자기편으로 끌어들임으로써 권력을 얻었다는 사실을 무시해서는 안 될 것이다. 이 경우에 물리적인 폭력이 사용되고 억압적인 장치들이 동원되기는 했지만, 설득하려는 말이 필수 역할을 했다. 권력을 얻고 행위의 정당성을 얻은 이후에, 사람들을 설득하는 데 많은 에너지를 소비한 이 체제 안에 민주주의라는 환영이 상당히 오랫동안 떠돌게 된다.

다니엘 요나 골드하겐은 "히틀러의 자발적인 부역자들"[18](이 주장들이 조작적인 말의 분석에서 갖는 중요성을 고려하여, 우리는 이 주장들에 관하여 나중에 다시 이 책에서 언급할 것이다)에 대한 연구를 명령을 거부할 수 있는, "심지어 죽이라는 명령도"[19] 거부할 수 있는 수많은 인종학살의 관계자들이 지녔던 능력을 환기하면서 시작한다. 이것은 바로 그들이, 자신에게는 폭력을 행하지 않으면서, 타인에게는 폭력을 행할 수 있었던 그런 행위들의 정당성에 의해, 외적 담화에 영향을 받아 그들 자신의 내부에서 설득되었기 때문이다. 그런 점에서 이 인종학살은 민주주의의 환영에

18 Daniel Jonah GOLDHAGEN, 앞의 책.
19 위의 책, p. 12.

사로잡히지 않은 사회 내부에서 범해진 수많은 대량 학살들과는 어떤 것도 비교될 수 없을 것이다.

냉전 — 이상적인 사건

1949년부터 시작된 냉전은 이번에는 전 지구적으로 광범위한 전투 캠프를 구성한다. 이 전투에서 신념가들의 쟁점은 타인을 설득하는 자들을 설득하는 것이다. 그들의 수는 많으며, 특히 변방 국가인 제3세계의 이들이 그러하다. 대중들을 설득하는 것이 언제나 쟁점이 되는 것은 아니다. 특히 대중들이 소수의 지배를 받는 나라에서 그러하다. 그 소수는 바로 엘리트들로 어떻게 해서든 그들을 이러저러한 진영에 가담시켜야 한다.

이러한 관점에서 우리는 예를 들어 소비에트연방은 소수의 정치경찰이 그 체제에 매우 적대적인 사람을 철의 손 안에 가두곤 했던 거대한 강제노동수용소였다는 사실을 떠올리며, 물리적인 억압 사용과 "권력"으로 귀착될 어떤 파렴치한 시각을 포기해야 한다. 소비에트연방은 해체되었다, 자유주의의 폭발에 최후의 이상적인 성벽을 구축했던 고르바초프의 실책 때문이 아니라, 어떤 이상으로 공유되었던 신념으로 오랫동안 열성적으로 그 체제를 지지했던 극히 소수의 공산주의 신념가들의 지지를 그 체제가 더 이상 얻지 못했기 때문이다. 공산주의의 이상은 결국 확신의 힘을 잃게 될 것이고, 그 후로 그 어느 것도 소비에트 사회를 재구성하려는 움직임을 막을 수 없을 것이다.

대중 여론으로부터 최소한의 확신을 얻지 못하면 어떤 체제도, 가장 강력한 독재일지라도 자리를 오래 유지하지 못한다는 사실을 과소평가해서는 안 된다. 민주주의라는 환영이 공산주의 체제에 그토록 떠도는 바람에

이 공산주의 체제들은 민주주의가 질적 도약을 하여 진짜 평등 체제에 이르도록 하는 마르크스의 독창적인 이상을 빌려다 쓰곤 했다. 이 진짜 평등 체제는, 적어도 어떤 면에서는, 평등 사회를 추구한 그리스적 이상을 떠올리게 하지 않는 것은 아니다.

밀레니엄의 끝 — 잔혹한 이념 투쟁들

냉전이 끝났다고 해서, 일부가 여전히 주장하는 것처럼 거시적으로 이념들 간의 대립이 끝난 것은 아니다. 쟁점들은 변할지라도 말을 동원해서 설득하려는 역동적 요소들은 여전히 남아 있다. 따라서 어떤 거대한 시도가 오늘날에도 계속되고 있다. 이 거대 시도는 시장의 영역을 사회 모든 영역으로 확장하는 것에 관심이 있고, 그 시장 분야의, 특히 국가의 지배를 받고 있지 않을 모든 집단적인 제어 구조들을 가능한 한 제거하는 데 관심이 있는 세계의 대중들을 설득하기 위한 것이다.

자유주의의 전투

이 강력한 전투는 부분적으로는 잘 보이지 않을지라도—가장 강력한 이데올로기적 쟁점들의 경우가 흔히 그러하다—광범위하고 다양한 정신적인 기호 망들과 가치 체계를 동원하기 때문에 현재 전 지구적으로 깊숙이 치러지고 있다. 경제 차원에서는 자유주의가 이 실천들을 주도하고 있을지라도, 그 정신들은 자유주의에 있는 것이 아니다. 먼 곳으로부터 획득된 것이다.

그런데 진짜 전투, 어느 이데올로기의 모든 가능성들을 정해진 기한 내에서 현실화해 주는 그 전투는 실천에서는 아직 제 역할을 하지 못하고 있으나, 확신으로 얻어야 하는 의식들 안에서는 기능하고 있다. 이 확신은 선전과 조작이라는 보다 미묘한 자원들도 활용한다.

자유주의 지지자들이 벌이는, 확신시키려는 거대한 시도는 반대할 그 이외의 것들을 전혀 가지고 있지 않은 … 그저 하나의 저항인 만큼, 관찰하기에 더욱더 흥미로운 저항들을 불러일으킨다. 자유주의는 오늘날 확신시키려는 어떤 시도의 유기적인 대상일 수 있는 유일한 이데올로기이지만, 어떤 정치 이론을 말하지 않더라도, 어떤 새로움이나, 희망, 적어도 토론에서 어떤 대안을 구성할 가능성이 있는 세상의 표상, 생각, 체계는 거의 존재하지 않는다.

그래서 자유주의의 발전은 사람들 사이에 제대로 자리 잡지 못하고, 현재 그것의 정당성에 설득된 소수만이 존재할 뿐이다. 그렇기 때문에 그 설득은 특별한 형태로 시도되고, 토론은 20세기 초반, 즉 냉전 시대 때와는 근본적으로 다른 형태를 띤다. 바로 이런 점에서 자유주의 지지자들은 설득 담화를 사용하는 민주주의 멋진 능력과 민주주의를 활용한다. 하지만 정치적 민주주의에서는 시장 법칙에 의해 규제되는 사회가 꼭 만들어질 필요는 없다. 시장 법칙은 실제로 다른 맥락에서는 독재 시스템을 매우 잘 받아들인다.

신메시아주의들

결과를 예측할 수 없는 이 기막힌 전투와 함께, 신메시아주의의 부상을 목도하게 된다. 이것은 종교에 기반하거나, 아니면 예를 들어 신기술, 특히 새로운 "혁명", 즉 정보 혁명을 불러일으키려는 커뮤니케이션 신기술에 대한 희망과 같은 여러 다른 근거들을 사용한다.

우리는 세계대전 이래로 이 분야에서 커뮤니케이션에 중심 자리를 내어준 세상의 표상으로부터 매우 엄밀한 설명 자료가 구축되는 것을 목격했다. 수많은 이론가들이, 우선 인공두뇌학에서, 그리고 정보과학 분야에서, 요즈음은 "커뮤니케이션 신기술"에서 어떤 새로운 세상, 즉 "정보 사회"를 건설해야 한다고 주장했다. 그들은 신기술들을 언급하는 담화들을 생성했고, 이미 그 이전에 여러 연구자들, 특히 뤼시앵 스페즈Lucien Sfez가 강조한 것처럼 그 내용은 매우 정치적이고 이데올로기적이다.[20]

이 "새로운 경계"는 개척자들, 활동가들, 신념가들, 정기 간행물, 학회들, 간단히 말하자면, 설득을 시도하는 형식이 새로워질지라도, 그 근본적인 성격들은 바뀌지 않는 도구 일체를 갖추고 있다. 그 기술적인 메시아주의와 자유주의 흐름 사이에서 발생한 수십 년간의 이데올로기적 대립 이후, 현 시점의 이 집중 현상은 우리 눈에는 정치 차원에서 전개되고 있는 가장 중요한 변화들 중의 하나이다.[21] 어쨌든 이 문제는 현재로서는 잘 알려져 있지 않다. 이 새로운 분야들을 다룰 만한 전문가들이 아직 많지 않기 때문이다.

비교적 더 잘 알려진 종교 분야에서는 보수주의, 몇 년 전에는 사실상 거의 보잘것없었던, 보수주의들이 부상하여 오늘날 이슬람이나 유대인, 기독교, 힌두교도들의 의식을 공략하는 것을 볼 수 있다. 이들의 성공은 그 열정적인 메시지를 전하는 자들에게 위엄성을, 일시적으로는 분명히 표

20 Lucien SFEZ, *Critique de la communication*, Seuil, 1988.

21 본 저자의 논문인 "Faut-il appliquer le principe de laïcité à Internet?"를 참고할 것, *Terminal*, 1996년 여름-가을호.

하는 것과도 관련되어 있다. 아무것도 가지지 않은 자들, 무시당하는 자들, 더 이상 누구도 그들에게 말을 전하려 하지 않는 자들은 다시 "설득당할 가능성이 있는 사람들"이 되어 버린다. 말을 조작하는 것은, 다른 곳과 마찬가지로 여기서, 무엇보다도 말에 대한 어떤 참신함을 창조함으로써 발전하게 된다.

오늘날 그런 보수주의에서 비합리적이고 신기한 광신화적인 어떤 단순한 움직임만을 본다면 그 문제의 본질을 착각하는 것이다. 그런 단순한 움직임은 오히려 오디오 카세트부터 인터넷 서버까지 선전 메시지들을 효과적으로 유포되게 하는 모든 미디어들, 설득하기 위한 모든 자원들을 활용한다. 예들 들면, 루바비치Loubavitch 운동을 하는 유대인 보수주의자들은 신기술을 다루는 기술 분야의 고수로 통한다. 마찬가지로 이슬람주의자들은 일반적인 미디어 유포 방식을 벗어나서 그들의 메시지들을 매우 능숙하게 유포할 수 있다.

위에서 언급한 신메시아주의에 정체성을 다시 찾으려는 시도가 더해진다. 이 시도들은 시민권이라는 개념을 해체하여 언제나 환상에 젖어 있는 "민족적인" 소속이라는 것으로 그것을 대체하려 한다. 이 "정체성"이라는 것은 가장 배타적인 "근거 있는 공동체들"을 구성하기 위해서, 때로는 의식적으로, 완전히 창안되기도 한다. 어떤 이들을 요즈음 먼저 세르비아인이거나 브르타뉴인이거나, 라틴아메리카인이거나 유대인이거나, 켈트족이거나 바스크족이라는 것으로 우리를 설득하려고 하나, 모든 국가는 이미 오래전에, 도미니크 슈나퍼Dominique Schnapper의 말을 빌리자면, "시민권 공동체"를 구성했다.

우리 사회에서 설득하는 제국이라는 것을 보여 주는 "옹호하기 위한 동기들"을 검토할 때, (미디어가 주목하는 곳뿐만이 아니라) 도처에서 융성하고 있는 이단종파들을 잊어서는 안 된다. 그들의 존재와 영향력은 위험할 정도이다. 왜냐하면 그들의 설득력에는 때로 한계가 없다는 것을 잘 보여 주기 때문이다. 실제로 어떻게 우리 사회에 정상적으로 편입된 사람들을, 예를 들어 커뮤니케이션의 신기술을 사용하여, 그들이 먼저 자살을 하면 헤일-밥Hale-Bopp 혜성 뒤에 감춰진 어떤 우주 선박이 기다리고 있다가 그들을 데려갈 것이라고 우리들 중 절반을 정신이상으로 만들 정도로 설득할 수 있을까? 그들의 설득 수단들은 죽음을 뛰어넘을 정도로 한계가 없는 것일까?

극우의 새 단장

마지막으로 현대적인 방식의 설득 시도를 논하는 이 장에서 예를 들어 이스라엘에서처럼 종교적인 형태로 나타나는, 미국의 "민병대원" 운동들과는 다른 형태로, 유럽에서 "고전적인" 형태를 띠는 극우의 새 단장에 대해 언급하지 않을 수 없을 것이다.

현재로서는 이를 받아들이고 있는 민주주의 체제 내에서 상당히 너그러워진 극우의 선전 활동은 대체로 두 가지 주제로 전개되고 있다. 첫 번째 주제는 민주주의에 대해 문제를 제기하는 것이다. 오스트리아, 프랑스, 벨기에, 미국에서 극우당의 지지자들은 민주주의의 가치에 회의를 느끼는 유권자를 자신들의 주장으로 끌어들이려는 목적의 캠페인을 강력하게 벌이는 데 집중하고 있으며, 우리는 이 사실을 잊지 말아야 한다. 두 번째 주제는, 이것도 역시 보편적인데, 어떤 민족이나 인종 공동체가 타락하는 원인이 외국인에게 있다고 설정하는 것이다. 이런 연출은 보통 "제거주의적인" 형태로 진행된다(외국인들이 타락시키고 있는 공동체에서 그들이 "추방"될 때 이 문제들이 끝날 것이라는 것이다).

말이 제공하는 모든 수단들을 동원하는, 확신시키려는 강력한 시도는 현재 두 가지 방향으로 진행되고 있다. 극우는 도처에서 그들의 담화를 공공 공간에 뿌리내리는 데 성공하고 있고 이런 극우의 빠른 확산은 우리가 여기서 "인간의 권리"의 이상이나, 이보다 더 추상적인, "인본주의"의 이상과 혼동해서는 절대로 안 될 민주주의의 덕목에 대한 깊은 의심이나, 더 심하게는, 그것에 대한 망각에 기반하고 있다.

역설적이게도 매우 드물게 그런 시도의 대상이 되는 단 하나의 이상이 민주주의에 남아 있다. 민주주의는 도처에 존재하나 어느 곳에서도 논증되지 않는다. 이 역설의 결과들에 대해서는 다음에 다시 논의할 것이다. 왜냐하면 민주주의는 자기가 말의 자유에 부여한 촉진 수단을 통해서 "민주적 담화"와는 다른 것이 자기 한가운데에 자리 잡도록 해 주는 그런 기이한 능력을 가지고 있기 때문이다. 그런 주장들을 납득시키는 데 사용한 담화가 그 자체로 목적으로 사용되는 것은 드물다.

설득의 신제국 — 광고

설득을 하는 새로운 장 하나가 20세기에 열릴 것이다. 그러나 아직까지는 특별하다. 현대 광고 분야에서 1920년대의 상업 광고에 변화가 일어난 것이 그것이며, 1950년대에는 이 광고가 "동기 추구"와 행동을 연구하는 전문가들을 만나게 된 것이다. 이런 광고가 발전하게 된 근본적인 원인은, 밴스 패커드에 따르면, 경제적인 이유이다. "1950년부터 과잉 생산이 수많은 전선에 위협을 가하면서, 산업 경영주들의 고민은 근본적인 변화를 겪는다. 그들에게 생산은 이차적인 문제가 되었다. 물건 생산보다 판매에 집중했다."[22]

스튜어트 유웬Stuart Ewen은 이미 1920년대에 이와 비슷한 말로 이런 문제가 제기되었다고 주장한다. 바로 "기계적인 품질이나 사용 가치 개념들은 연속적인 생산이 강제되던 리듬으로 상품을 유통시키기에는 더 이상 충분한 논거가 되지 못했다. [전통적인 정보적 논거들은] 제시된 상품 소비에 대한 잠재적인 고객들의 태도를 변화시키지 못했을 것이다 … 광고업자들의 말은 우리의 심리적 경제 활동을 제어하고 변화시켰다 … 광고 매뉴얼들이 … 본능에 점점 더 많은 비중을 두었을"[23] 때이다.

밴스 패커드는 특별히 다음의 사례 하나를 제시한다. "가장 돈이 많이 든 실수들 중 하나를 클라이슬러 사가 범했다. 이 회사는 사람들이 어떤 합리적인 방식으로 자동차들을 소비할 것이라고 가정했고, 그 시대에 걸맞게 장식 없고 견고하고 주차하기 편한 자동차가 대중에게 필요할 것이라고 생각했다…. [시장은 붕괴되었다. 크라이슬러는 전략을 변경했고] 역사상 가장 스펙터클한 상업적인 방향 전환들 중 하나를 [만들어 냈다.]"[24]

산업 생산물들에 관한 단순한 정보적인 장치라는 점에서 광고는 결국 설득의 제국에서 광범위한 영역을 차지하게 될 것이다. 그렇게 성장한 산업 생산물들 각각은, 그 생산물들이 라이프스타일에 소용되기 때문이기도 하지만, 그처럼 "옹호해야 할 동기"가 될 것이다. 이런 복잡하고, 대규모이

22 Vance PACKARD, 앞의 책, p. 24.
23 Stuart EWEN, *Consciences sous influence*, Aubier, Res, Paris, 1983, p. 48.
24 Vance PACKARD, 앞의 책, p. 21.

며 다양한 형태를 띠고 있는 현실을 이해하기 위해서는, 아마도 상당히 폭넓은 접근을 하는 것이 나을 것이다. 광고는 공공의 공간에 상업적이고 매우 본질적인, 그러나 정치적이거나 "사회적인" 메시지들을 전파할 가능성을 지니고 있다. 광고는, 이런 의미에서, 철저하게 상업 분야에 속하며, 그 메시지들의 전파는 광고를 상업 분야의 목적으로 만든다.

광고가 우리에게 설득하고자 하는 것은 무엇인가?

광고란 무엇인가? 광고는 광고 발신자의 총체적인 통제 속에서 커뮤니케이션 망의 한 끝에서 다른 끝까지, 발신자가 생산한 메시지로 구성되어 있다. 이를 위하여, 광고 발신자는 공공의 공간 안에 "어느 정도의 공간을 사들인다", 즉 다시 말하면 거리나 신문의 공간이나, 라디오나 텔레비전의 (근래에는 인터넷 망을 통해서) 게시 장치를 빌리는 것이다. 광고는 발신자가 완전히 통제할 수 있는 미디어 공간들을 창조하려 한다. 이것은 이 분야에서 핵심을 차지하는 것들에, 즉 상업 브랜드들을 위한 광고뿐 아니라, 정부나 정치적인 광고에 대해서도 또는 민족적이거나 인간을 위한 중요한 문제를 옹호하기 위한 광고에 해당된다. 광고는 미디어가 정보 전달의 대부분을 움켜쥐고 있는 한 세상에서 미디어의 개입 없이 발신자의 메시지가 수신자에게 직접 전달되는 가능성을 열어 준다.

이런 가능성은 일이 분담되어 있기 때문에 부분적으로 가능하며, 이것은 이 분야의 매우 두드러진 특성이다. 생산물들 중의 하나를 홍보하려는 회사는 보통 여러 중개자에게 의뢰하고, 그들은 상품을 편집하거나, 그것을 전파하기도 하고, 그 영향을 분석한다. 이런 중개가 메시지 그 자체에 아무런 효과가 없는 것은 아니다. 광고의 상황이 설득의 관점에서 미디어의 상황과 근본적으로 다른 것과 마찬가지이다. 왜냐하면 광고의 상황은 — 도덕적인 의미에서가 아니라 기술적 의미에서 — 메시지의 생산과 전파가 일어나는 내내 메시지의 완전함을 보증하기 때문이다.

광고는 쉽게 접근하도록 내버려두지 않는 복잡한 대상이다. 우리의 관점으로는 다음 두 질문을 통해 광고에 접근하려고 한다. 이것은 설득하고 확신시키려는 시도와 관계되는가? 광고 메시지는 무엇을 설득하려고 하는가?

르시에르 오일, 프레지당 카망베르 치즈, 팸퍼스 기저귀, 라조니 사탕은 프랑스인들에게 인기 있는 제품들이다. 이 브랜드들은 무에서 출발했지만 대대적인 설득 캠페인의 지원을 받더니 우리가 상상하는 일상의 한 요소가 되어 버렸다. 코카콜라와 펩시콜라(이것들은 전형적으로 잘못된 대체물이다)가, 한때의 IBM과 애플처럼, 아직 결정을 내리지 못하고 있거나 진영을 바꾸기 위한 준비가 되어 있는 대다수의 대중들을 자기 진영으로 끌어들이기 위해서 이데올로기적인 모습을 갖춘 전투를 서로를 향해 해대는 것은 무엇을 의미하는가? 광고 메시지가 설득하려는 목적을 갖고 있다는 것이 분명해 보인다. 다음 장에서 확인하겠지만, 광고 메시지는 이런 효과를 위해 동원 가능한 모든 기술을 활용한다. 이 부분은 별로 논의할 거리가 없다. 반대로, 광고 메시지가 우리에게 무엇을 설득하고자 하는지를 아는 문제가 보다 복잡하며 더 이론의 여지가 많은 부분이다.

첫 번째로, 광고는 정보를 전한다. 당연한 이야기지만 광고가 그것만 한다고 주장하는 사람은 오늘날 없을 것이다. 게다가 정보를 전하는 것이 광고의 목적이 아니며, 광고의 목적은 구입 행위를 유발하기 위해서 영향을 미치는 것이다(또는 정치 광고의 경우에는, 투표를 유발하거나, 예를 들어 담배를 끊는 것과 같은 행동을 유발하는 것이다). 정보라는 것은 이런 영향을 미치는, 여러 가지 중에서, 하나의 방법일 뿐이다. 자크 블로시즈위스키Jacques Bloсiszewski가 지적한 바와 같이, "상품과 메시지의 필연적인 관계는 약해지는 법이 없다."[25]

두 번째로, 그러므로 광고는 영향을 미치며, 이를 위하여 유혹하고 극적으로 묘사하고 멋진 광경을 만들고 자주 조작한다. 광고는 메시지를 호감가게 하거나 눈길을 끌게 만든다. 요컨대, 광고는 메시지 그 자체가 상품에 미칠 수 있는 모든 것을 다 한다. 호감이 가는, 또는 눈길을 끄는 메시지는 그 자체로 상품에 대한 매력을 불러일으킨다. 이런 개념을 나타내는 드문 예로 (베네통의 광고를 맡고 있는) 광고업자 올리비에로 토스카니Oliviero Toscani의 관점을 제시할 수 있다. 그는 메시지가 전하는 바를 상품 그 자체와 분리한다. 그는 이미지를 연출하며, 이런 이미지는 자주 논란을 불러일으키거나 충격을 주고, 홍보하려는 제품과 아무런 관련이 없는 것들이다(신부가 수녀와 키스하는 이미지나, 에이즈에 걸려 죽음을 기다리는 사람이나, 이탈리아의 브린디시Brindisi에서 환영받지 못하는 알바니아 난민들의 이미지가 떠오른다).

세 번째는 없는가? 광고는 상품 구입 이외의 것을 설득하기 위해 애쓰지 않는가? 많은 저자들은 광고 메시지 뒤에 있는 매우 일반적인 또 다른 메시지를 구분하면서 '예스'라고 주장한다. 이 부분과 관련하여 가장 탁월한 연구는 아마도 미국 사회학자 스튜어트 유웬의 저작일 것이다.[26] 유웬은 1차 세계대전 바로 직후의, 특히 1920년대 미국의 초기 현대 광고를 분

25 Jacques BLOCISZEWSKI, "Publicité et manipulation sociale", *Le Monde diplomatique*, 1993. 3.
26 Stuart EWEN, 앞의 책.

석한다. 그는 광고가 어떻게 전반적으로 의식들을 만들어 내는지 보여 준다. 광고는 그 자체로 대중문화와 소비 사회를 칭송한다는 것이다.

유웬은 특히 광고 발전에 호의적인 프랭크 프레스브레이Frank Presbrey를 인용한다. 프레스브레이는 1929년에 다음과 같이 선언했다. "최근 들어 국가적인 단일화 개념이 중요해진 모든 국가에서 광고 캠페인이 확장되고 있다. 광고 캠페인은 비슷한 시각을 갖도록 해 주며, 이런 시각의 유사함은 인구가 단일 인종으로 구성되어 모든 부분에서 동질화하기 훨씬 더 쉬워 보이는 유럽보다 미국에서, 여러 인종이 뒤섞여 있음에도, 더 효과적으로 전달된다."[27] (인종이라는 개념은, 아마도, 이 시기에 자주 사용되던 어휘이다)[28]

그러므로 우리는 이런 예를 통해서 — 프레스브레이의 해석이 옳다면 — 광고가 보다 포괄적인 영향을 미칠 수 있다는 것을 알게 된다. "국가적 단일화"라는 주제는 계속되는 이민의 물결에 휩쓸렸던 1920년대 미국에 존재하던 주제였고, 이것이 오늘날에는 아마도 현재 미국 광고가 주는 인상으로 판단해 보면, 다인종적인 성격을 가진 사회적 현실을 인정하는 것으로 바뀐 것 같다. 실제로 광고는 그것이 제안하는 상품에 더 많은 적합성을 부여하기 위해서 가장 두드러진 어떤 성향에 의존할 수 있을 것 같다. 이것이 바로 확신시키는 데 사용되는 가장 오래된 자원들 중 하나이다. 그러나 그렇게 함으로써 광고는 이 성향을 더 강화시킨다. 어느 정도 합의를 만들어 내기 때문이다. 보다 일반적으로, 광고는 자신이 토대를 두고 있는 시스템을 정당화하는 것처럼 보이며, 이 시스템은 자유 경제하에서의 대

27 위의 책, p. 53.
28 위의 책, p. 53.

중 소비 시스템에 해당한다. 대체로 광고는 그 시스템에 호의적인 영향을 미치는 어떤 행위로 생각할 수 있을 것 같다, 관점을 달리해 보면, 광고는 이 시스템에 가장 필수적인 지지대들 중 하나이다.

광고, 공적 관계들, 정치 커뮤니케이션

광고는 가공품의 홍보 분야로만 한정되지 않는다. 1930년대부터는 기업들뿐만 아니라 정치인들에게도 서비스를 제공하는 "공적 관계" 분야의 조언자들이 나타난다. 그들은 한 기업이나 브랜드, 대표자의 전반적인 이미지를 "작업하는" 업무를 맡은 진정한 전문가들이다.

1950년대에는 정치 분야에서 그들의 방법이 발전하여 일반화하는 것을 보게 된다. 밴스 패커드에 의하면 "얼마 안 되는 시간 동안 가장 정점에 이른 해는 1956년 대통령 선거였다. 그 전문가들은 미국인들의 정치적 삶이 담고 있던 전통적인 특성을 눈에 띄게 변화시켰다." 그로부터 몇 년 후에 이 공적 관계 전문가들은 더 폭넓은 범위의 커뮤니케이션 전문가들이 되었고, 기업의 외부 홍보와 "내부 커뮤니케이션"을 동시에 담당하게 된다. 그들은 옹호해야 할 새로운 동기들을 개척하는 데 애썼다. 새로 개척한 시장의 실질적인 성과물 중 가장 특징적인 창안물들 중 하나는 "이미지"라는 개념이다. 그때부터는 한 기업의, 종교의, 정치인의, 상품의 이미지에 대해 말하게 된다. 이런 각각에는 그 자신의 분신이 앞서가는데, 그것은 바로 자신의 "이미지"이다. 커뮤니케이션 사회는 그 세계를 구성하는 개체들의 이미지들만이 결국 커뮤니케이션하는 하나의 세계로 나타난다. 이 이미지가 촉진해야 할 동기 차원에서 거의 배타적으로 받아들여진다. 이런 이미지를 구성하는 것이 완전한 어떤 사회적 행위가 되며, 이를 위해 설득할 수 있는 모든 자원들을 동원하고, 그것을 통해 논증 영역을 확장하고 특히 조작 영역도 확장한다. 조작은 이미지를 이용하여 실체를 "긍정적"으로 만들어야 하므로, 이미지와 실체 사이의 차이에 교묘히 스며든다.

이미지를 만들려면 전문가들이 많이 필요하며, 고전적인 민중 선동책의, 거의 완벽에 가까운, 규칙에 따라 진행될 것이다. 그것은 자신의 진정한 실체를 드러내기보다는 타인이 기대하는 바에 꼭 맞추는 것이다. 말을 기술적으로 발전시키는 길들은 이처럼 폭넓게 열려 있다.

3 말의 기술화

그리스의 민주주의에 의해서 도입되고, 오늘날 우리가 직접적으로 그 유산을 수용한 초기 변화들 중 하나는 언어 행위를 활용하는 것, 즉 다시 말하면 언어 행위의 기술화라고 할 수 있다. 민주적인 담화가 생겨난 것이 이러한 변화의 유일한 요소는 아니다. 개인적인 복수를 포기한 것은, 아마도 이것은 영구히 가장 중요한 사회적인 그리고 정신적 혁신들 중의 하나일 텐데, 당연히 그 결과로 새로운 사법 체계가 만들어지고, 이번에는 이것이 담화 사용에 대한 결정적인 영향력을 갖게 된다. 그리스의 도시국가는 우리가 현재까지 따라 하고 있는 배심원단 제도를 만들고, 배심원들은 완전히 시민들을 대신하여 심판을 내리는 임무를 맡게 된다. 즉 공적인 복수를 시행하는 것이다. 범죄라는 것은 더 이상 실제로 그 피해를 당한 사람에게만 가해진 모욕이 아닌 것이다. 공동체의 완전한 균형은 그 범죄로부터 영향을 받고, 그런 상황을 바로잡는 역할은 그 도시에, 적어도 도시의 대리인들에게 주어진다.

그렇게 해서 피해자와 피고인은 자주 위협적인 분위기가 조성되는 (그리고 복수와 다시 그것에 대한 보복을 불러일으키는) 대면식에서 벗어나서 제삼자의 중재를 받아들여 그들 앞에서 자신을 해명해야 한다. 정의를 원한다는 것은 사법관들에게 자신의 정당성이나 고소의 쓸모없음을 설득해야 하는 것이다. 어떤 재판의 절차가 명확해 보일 때조차도, 논증은 중요한 수단이 된다.

기술화된 설득 기법

바로 이런 맥락에서 레토릭이 탄생한다. 이것은 체계를 갖춘 참신한 전문지식으로 곧 개론서들에 수집된 학설의 몸체로 구성되어 지식과 독창적인 관계를 맺는다. 선생들이 교과목으로 수사학자들을 가르침으로써 레토릭은 학교에서 전수된다.

설득 기법의 창안

롤랑 바르트Roland Barthes는 기원전 485년경, 그리스 시칠리아 섬에서 발생한 레토릭의 탄생과 관련된 사법적인 맥락에 주목한다.[1] 이것은 곧바로 "설득한다"가 의미하는 것에 대한 기술적 고찰로 이해된다. 최초의 레토릭 선생이자, 어떤 측면에서는, 레토릭의 창안자인 코락스Corax가 교재 하나를 만들고 이것이 전승되어 그 뒤를 이은 모든 수사가들이 기본적으로 이것을 사용한다. 이 교재는 누구를 독자로 하는가? 특히 산문가들을 대상

---

1 Roland BARTHES, "L'ancienne rhétorique", *Communications "Recherches rhétoriques"*, n° 16, Seuil, Paris, 1970.

으로 하는데, 이들은 소송에 휘말릴 사람들의 변론과 연설을 작성해 주는 직업을 수행하는 사람들이다. 그리스의 사법 체계는 피고와 원고가 직접 대면하여 판사와 민간 배심원들 앞에서 자신을 스스로 변호하는 독특한 체계이다. 각 측의 주장이 얼마나 진실한지에 대한 평가로 모든 것이 결정된다.

코락스는 그러므로 재판관들 앞에서 보다 효율적으로 논증할 수 있도록 해주는 기술적인 특성을 가진 과정 전체를 제안한다. 따라서 레토릭은 말을 효과적으로 체계화하는 방법들에 대한 성찰과 사법적 환경에서 동시에 탄생한다. 코락스가 기술한 — 현재 간접적인 흔적만 남아 있는 — 그 교재는 샤를 브누아Ch. Benoît에 따르면 "담화자들 각자를 위한 기교와 방법, 연설 첫머리에서의 주의 사항들과 시작할 때 사용하는 표현들, 소송 사건을 기술할 때 사실들을 배열하는 재주, 시인하고 반박하고, 고소하거나 방어에 사용하는 특별한 논거들과 자세한 수많은 방법들을 담은 모음집"[2]이다. 이 "연설 기술"(*techné rhétorik*) 개론서는, 올리비에 르불Olivier Reboul에 의하면, "재판을 받는 자들이 사용할 실질적인 가르침을 담은 사례들이 포함된 모음집"[3]이다.

코락스는 모든 말은, 설득하기를 원한다면 체계를 갖추어야 한다고 생각했다. 그는 수사적인 말의 순서를 창안했는데 이것은 연설 상황을 제어하는 것도 포함한다. 연설자는 법관 앞에서건 정치적 회합에 참여한 시민들 앞에서건, 옛 텍스트가 알려 주듯이,[4] "비위를 맞추고 환심을 사는 말로

---

2 Ch. BENOIT, *Essai historique sur les premiers manuels d'invention oratoire jusqu'à Aristote*, 1846, Vrin reprise, Paris, 1983, p. 13.

3 Olivier REBOUL, *Introduction à la rhétorique*, PUF, coll. "Premier cycle", Paris, 1991, p. 14.

4 Ch. BENOIT, 앞의 책, p. 14.

군중의 동요를 잠잠하게" 하도록 노력해야 한다. 이것이 연설 서두의 역할일 것이다. 그다음, "군중이 그에게 집중한 후에는, 토론의 주제를 제시하고 토론으로 넘어가서 자신의 증거를 확인해 주는 여담을 섞어서 이야기한다. 마지막으로 본론의 요약 단계, 즉 결론에서 자신의 동기를 요약하고 이미 마음이 흔들린 청중을 설득하기 위해 할 수 있는 모든 능력을 동원한다."

서론과 사실 제시, 토론, 끝내기 위한 결론, 이 네 부분들이 코락스 이후로 수사적 담화를 구성하는 기술적인 중심 규범들 중 하나가 된다. 이 네 부분들은 오늘날까지도 어떤 의견을 주장할 목적으로 쓰인 모든 텍스트나 담화에서, 이 원칙들을 잘 알지 못하는 사람들조차도, 매우 체계적이라고 평하는 규범이다. 우리는 이 주제에 대해서 코락스가 결국 의무적으로 지켜야 하는 일종의 준거가 될 규범들을 만든 것인지, 아니면 설득시키는 상황들을 제대로 지켜본 관찰자로서 이런 관찰을 체계화한 것인지 궁금해할 수 있을 것이다. 코락스 때부터 설득하는 것을 시작한 것인지는 분명하지 않지만 코락스는 그 이후로 모든 다른 수사가들이 그때까지 거의 방치하던, 그러나 인간의 언어 내면 깊숙이 간직하고 있던 어떤 가능성을 처음으로 현실화했다.

초기 레토릭의 망설임들

이런 초기 레토릭이 어떻게 기능했는지를 제대로 이해하려면, 실제로 오늘날 우리에게는 분명 놀라운, 레토릭을 익힌 과정을 기억해 두어야 한다. 우선 연설의 서두가 준비되고, 모든 표현들이 갖추어진 각자의 공책을 가지고 있었고, 이 표현들은 이러저러한 상황에 사용되기만을 기다리고 있었다. 르불이 지적한 것처럼, 그들은 "공론"라는 것을 만들어 냈다(이 용어는 나중에 "일반 공론"이라는 표현을 만들어 낸, "변론하는 순간에 끄집어 내기 위해서 암기하는 것으로 충분하곤 했던" 논거 방식들이다). "따라서 서두에서 자신은 웅변가가 아니라고 말하는 것으로 시작하거나, 경쟁자의 재능을 찬양한다."[5] 브누아에 의하면 "실제로 아테네 연설가가 가장 심혈을 기울인 것은 무엇보다도 서론과 결론의 표현을 담은 공책을 만드는 것이다. 왜냐하면 결론이 좋지 않으면 연설 전체의 성공을 위태롭게 하는 것이기 때문이다. 서두에서 주저하는 것은 스키타이 궁수에 쫓겨서 연설이 급해진다는 것을 드러내는 것이다."[6]

이 초기 레토릭은 우선 사법적인 효율성에 치중하다가, 이어 정치적인 효율성에 관심을 갖는다. 이것은 사회관계에서 일어나는 폭력의 가능한 대안이자 군주나 황제가 벌이는 독재의 대안이라는 점에서 훌륭한 발전을 이룩했다. 그 결정이 공동 토론을 통해서 나온다는 점에서, 그리고 절대 다수의 동의로 결정된 만큼 이 결정이 올바르다는 점에서 레토릭은 토론의 도구로서 의미를 갖는다.

그러므로 어떤 연설이 설득력이 있다고 평가받게 만드는 것이 무엇인지를 아는 것이 중요하다. 수많은 토론들이 이 질문 주위를 여전히 현재까지도 맴돌 것이다. 설득력이 있으려면, 담화가 잘 구성되고 또박또박 읽히고 고르기아스가 사용한 문구들처럼 시적이고 제대로 기교를 부리는 문구들을 사용하기만 하면 충분한 것인가? 설득하기 위해서는, "비장한 표현을 위한 교재"를 만든 트라시마코스가 주장한 것처럼, 감정과 열정에 호소

5 Olivier REBOUL, *Introduction à la rhétorique*, 앞의 책, p. 16.
6 Ch. BENOIT, 앞의 책, p. 39.

를 해야 하는가? 이소크라테스가 한 것처럼, 공론과 과장을 기계적으로 습득하는 것을 집어치우고 레토릭은 고귀하고 명예로운 이유로 사용할 때만 받아들여야 한다고 주장해야 하는가? 소크라테스가 원한 것처럼 레토릭 전체를 거부해야 하는가?

아리스토텔레스의 결정적 기여

이 질문들에 대한 답은 결국 아리스토텔레스(기원전 384-322)가 제공하게 된다. 분명히 대중은 소피스트적인 기계적 논법과 미리 만들어진 공론에, 그 과정에, 결국 권력을 위한 견유주의에 지치기 시작했다. 일부 소피스트들은, 한편으로는, 그들은 매우 강력한 기교를 자유자재로 사용함으로써 어떤 주장이나 그 반대 주장을 방어할 수 있었고, 다른 한편으로는, 그러므로, 진리는 존재하지 않으며 모든 것은 상대적이라고 주장하지 않았었는가? 아리스토텔레스가 이 "기술자들"을 무너뜨릴 것이다. 소피스트들과 반대 입장에 선 그는 레토릭이 가진 모든 능력이라는 환영을 포기할 것이다. 레토릭은 제한된 범위에서 사용 가능한 도구일 뿐이며, "정당하게 사용하면 효과적인 도구이나 부정하게 사용하면 해로운 도구가 될 수도 있다."[7] 이 도구는 귀납적이건 연역적이건 간에 추론에 반드시 사용되는 도구이다. 설득하는 기술은 열정과 표현의 레토릭에서 분리될 수 있으며, 이것은 이 열정들을 추론하기 위한, 어떤 의미에서의 지지 수단으로 사용할 때 가능하다.

이런 관점에서, 설득하는 기술은 설득하기 위해서 유혹하고, 동요시키

7 ARISTOTE, *Rhétorique*, livre 1-1355, Médéric Dufour가 정리해서 번역한 텍스트, Les Belles Lettres, Paris, 1967.

고, 근심시키려 하는 고유한 방식들과 열정들에 근거하곤 했던 옛 레토릭과 근본적으로 그리고 자발적으로 구분된다. 아리스토텔레스에 의하면, 웅변가는 사람이며 대중들에게 말하는 것이므로 물론 그런 열정들을 사용해야 한다. 그러나 이 열정들은 논증적 추론을 위한 것이지, 그 자체가 수단은 아니다.

아리스토텔레스와 더불어 레토릭은 완전한 하나의 기술이 된다. 레토릭이 효율성을 우선시하지 않는 어떤 윤리에 기반하기 때문이다. 그러나 그 철학적 이상 뒤에서, 그리스 세계와 로마 세계를 아우르는 대륙 하나를 구분해야 한다. 이 세계들은 효율성을 행동하기 위한 유일한 지표로 삼는다. 선동가들, 조작자들, 유혹자들이 의회 복도와 포럼의 연단을 채운다. 우리가 이미 보았듯이, 로마 제국은 선전자들, 군주의 조언자들, 역사의 조작자들이라는 다른 범주들의 인간들을 탄생시킬 것이다.

어떤 중요한 분열

말이 설득하기 위한 기술로 변하면서 두 가지 길이 열렸다. 아리스토텔레스의 노력에도 불구하고, 그 두 길은 서로에게 상당히 영향받기 쉬워 보인다. 하나는 설득하기 위한 도구로 변질된 말의 잠재적인 능력을 오늘날까지도 계속 전제하고 있고, 다른 하나는 도구를 사용하는 것은 착각에 지나지 않는, 어떤 효율성을 체계적으로 추구하는 것과는 단절된, 어떤 특별한 윤리와 연관되어야 할 것이라고 제안한다.

아리스토텔레스는 레토릭의 기능은 어떤 대가를 치르더라도 반드시 설득하는 것이 아니라, "각 주제가 담고 있는 설득 방식을 파악하는 것"[8]이

8 ARISTOTE, 앞의 책.

라고 강하게 강조하면서, 이 분열 개념들을 제시한다. 이 분열은 조작과 관련하여 오랫동안 언급되어 왔다. 조작은 말이 그 대상이며, 주제 그 자체와 관련해서 돌려서 말하는 특성을 가지고 있다. 돌려서 말하는 목적은 가능한 모든 방법을 동원해서 반드시 설득하기 위한 것이다. 실제로 동기 그 자체 안에서 그 동기가 가지고 있는 설득력 있는 것을 찾아야 하는가, 아니면, 예를 들어, 설득 기교들에 의지해야 하는가? 이 두 경우에, 우리는 어떤 기술적인 단계에 직면해 있지만, 조작적일 것과 그렇지 않을 것에 대한 비교가 이 지점에서 중단된다. 말의 기술화는 실제로 처음에는 효율성을 추구함과 동시에 어떤 윤리에 기댈 수도 있지만, 나중에는 그 대가가 어떠하든지, 단순한 효율성을 추구하는 것에 전적으로 의지할 수도 있다. 근본적인 대안을 은폐시키는 이 문제는 설득에 사용되는 담화에 관한 차후의 토론으로 이어질 것이다.

말의 조작기술들에 기대는 집단적인 의존

이런 관점에서 보면, 앞 장에서 “설득의 세기”라고 강조했던 20세기는 조작하는 기술이 놀랍도록 발전하고 담화의 경계들에 체계적인 혼란이 닥친 세기로 특징지어진다. 어떤 소피스트적인 소식이 그 나름의 방식을 사용하여 발전하고, 과거에 알고 있었던 것들과 더불어 그 소식의 영역이 확장된다. 어떤 상대적인 무질서가 그때까지 우세했다. 그 무질서는 레토릭의 불확실성 덕택이며, 그것은 이 두 천 년의 시간 동안에 일어난 지진들에 잘 복종했다. 20세기의 서두인 1914년부터 최초의 활동이 시작되고 최초의 전문가들이 구성되는데, 그들의 목적은 토론 분야의 합리적이고 통상적인 설득 방법이 작동되지 않는 그곳에 사용할 수 있는 설득 기술들을 조정하는 것이다. 그런 의견을 조작하는 기술들은 "선전"과 "정보조작"이라는 이름으로 빠르게 확산된다. 이것들은 알려진 바와 달리 소위 "전체주의적" 체제에서 생겨난 것은 아니다.

정보조작

정보조작은 오래전부터 알려져 왔으나 20세기에 들어 영광의 시간을 맞게 된다. 적어도 기원전 1세기에 손자가 쓴 중국의 병법서에 정보조작이라 쓰인 것이 발견되기는 하지만,[9] 이것이 체계적으로 사용된 것은, 이런 유형의 행위에 특별한 방식이 새롭게 만들어졌다는 점에서, 현대에 들어서이다. 경험에 의해 구성된 너무 단순한 표현들은 포기해야 한다. 거짓말과 계략을 함께 사용하는 이런 방법들은 전체주의 체제의 전유물이다. 그런 점에서, 종합적으로 생각해 보면, 서구의 민주주의가 분명히 훨씬 더 생명력이 강한 것처럼 보이기까지 한다.

정보조작이라는 말은 몇 해 전부터 그것의 사용과 의미에 있어서 변화를 겪었다. 정보조작이라는 말이 오늘날 흔하게 사용되면서 사실을 감추기 위해 일부러 사용하는, 축소되거나 부정확한 정보라는 의미를 갖게 된다. 이런 의미는 매우 정확한 기술적인 작동을 가리키는데, 사용되는 원래 의미에서 약간은 김이 빠져 버린 파생어이다.

정보조작은 실제 고의로 속이고 싶은 수신자로 하여금 발신자가 원하는 현실의 어떤 현상을 진실한 정보라고 생각하게 함으로써 그 현상을 유효하게 하는 하나의 행위이다. 정보조작의 모든 기술적인 능력은 바로 거

9 SUN TSÉ, *L'Art de la guerre*, L'Impensé radical, Paris, 1978.

짓 정보를 완전히 믿을 만한 "진짜" 정보로 위장해 주며, 그 정보가 자신에게 불리하다고 받아들이는 사람의 행동을 유도하는 메커니즘에 있다. 따라서 어떤 가상의 놀이이며, 이것은 적어도 수신자의 눈에는 진실한 정보라고 확실하게 이해되어야 한다.

이런 의미에서 이것은 진실한 기호들을 구성하는 행위이며, 이 기호들은 그것을 받아들이는 사람을 노리는 미끼들이다. 정보조작은 어떤 주어진 현실에서, 그것을 의심할 수 있는 맥락에서, 어떤 수신자를 확신시키려는 과정으로서만 의미를 갖는다. 정보조작의 의도는 고의적으로 기만적이며 어떤 정보를 단순히 조작하는 것 그 이상의 것이다.

제2차 세계대전 시기에 체계적이며 대규모로 사용되었던 정보조작은 냉전 시기에도 사용된다. 각 진영들, 특히 미국과 소련은, 여론 조작을 위해 그런 기술을 사용한 책임을 상대방에게 전가시킨다. 미셸 헬러Michel Heller[10]에 의하면, 정보조작이라는 단어는 S. 오제고프S. Ojgov가 1949년에 편찬한《러시아어 사전》1권에서 "거짓 정보를 이용하여 잘못을 유발하는 행위"라는 의미로 나타난다. "자본주의 국가들에서 대중 여론의 정보조작"이 그 예로 제시된다. 1953년에 발행된《소비에트 백과사전》3권에서는 "명백한 거짓 정보: 부르주아적 선전을 하는 여러 기관들이나 신문, 라디오에서 폭넓게 사용하는 방법, 대중 여론을 잘못 유도하거나 사회주의와 민주주의, 평화 지지자들을 중상하고, 제국주의 침략 정책을 선전하려는 목적을 가지고 있다"는 의미로 제시된다.

정보조작은 여러 시각에서 진정한 "전쟁 무기"로 생각될 수 있다. 이것은 전쟁 기간이나 군사적 충돌이 있을 때에만 사용될까? 분명 아니다. 이

10 "La "désinformation", moyen d'information", in *Politique internationale*, n◦ 10.

기술은 상업 분야나 직업 관계 안에서 가장 중요한 쟁점에서 가장 작은 문제로, 모든 단계에서 자주 사용된다는 것을 알려주는 다양한 지표들이 있다. 이것을 탐지하는 것은 상당히 어렵다. 이것의 본성 자체가 강력하지만 비밀스러운 도구를 만든다. 이것에 의지하는 사람들이 지붕에 올라가 이 사실을 외치는 일은 드물다. 이런 방법들에 대한 평판이 좋지 않기 때문이다. 이것에 희생된 사람들은 보통 이 사실을 말하지 않는다. 정보조작은 주장하고 싶은 동기를 가장 확실하게 매수하는 커뮤니케이션 기술이다.

선전의 탄생

선전은 의식적이고 체계적으로 실시되는 또 다른 스타일의 담화 조작기술이다. 선전은 전체주의 체제보다 오히려 민주주의 체제 내부에서 발생한다. 자크 엘륄은 제1차 세계대전 때에 미국이 설득을 목적으로 하는 담화의 기술화를 얼마나 잘 활용했는지 알게 해 준다. 이 시기에 정부가 창설한 CPI(공보위원회)는 "사기를 진작하고 심리전의 역량을 강화하며 미국의 이상을 외국에 … 전 세계에 각 나라와 상황에 매우 적합하고 다양한 방식으로 전파하는 순수한 선전 기관이다."[11]

에뤨은 이 경우, "인권을 실현하려는, 평화를 위한 민주국가들의 십자군 캠페인"이라는 진짜 "신화"가 철저히 창조되었다는 것을 상기시킨다. 에뤨의 표현을 빌리자면, 이 "선전 조직 모델"의 완벽함과 효율성은 "이 모델에 정치와 분리된 순전히 기술적인 선전 서비스를 구상했다"[12]는 것과 관련된다.

---

11 Jacque ELLUL, 앞의 책, pp. 110-111.
12 위의 책, p. 111.

전체주의와 담화 조작을 매우 밀접하게 연결시키는 어느 개념과는 반대로, 주축국뿐 아니라 연합군들도 두 번의 세계대전 기간 동안 적군의 사기를 떨어뜨리고 자기 정부를 포기한 시민들을 설득하기 위한 기술들을 사용한 것은 마찬가지이다.

선전이라는 용어가 경멸적으로 변한 것은 근래에 들어서이다. 오랫동안 사실 1622년에 "교리 포교"라는 의미로 처음 이 단어가 사용된 이래로, 이 단어는 종교적인 신앙을 매우 합법적으로 전파하는 행위를 가리켰고, 1790년부터는 정치적 이념을 전파하는 행위를 의미했다. 앞에서도 언급했지만, 이런 선교적 의미의 탄생은 교황 그레고리 15세가 가톨릭교의 전파와 모든 선교 활동을 지도하기 위해서 포교성성을 1622년 6월 22일에 창설하면서 부터이다. 그 이후로 사람들은 선전이라는 단어를 사용하게 된다.[13] 이 단어는 대혁명 때 다시 등장하는데, 이때는 "정치적인 주장이나 의견을 전파하려고 조직된 행위"를 의미한다.

이 표현은 20세기 내내 대대적으로 사용될 것이다. 수많은 정당들이, 자신들이 옹호하는 가치를 주장하려는 민주적인 정당들을 포함하여, 대중들에게 자신의 이념을 전파하려는 활동의 특별한 부분을 지칭하기 위해서 그 선전이라는 용어를 체계적이고 지속적으로 사용하게 된다. 1938년부터 그런 선전 현상들을 가장 처음으로 그리고 가장 심도 있게 분석한 작가로 가장 많이 인용되는 세르주 차코틴은, 생각과는 달리, 선전을 경멸적인 개념으로 발전시키지 않았다. 흥미롭게도 이 문제에 관해서, 사람들은 선전에 관한 현재의 문헌들 중에서 그의 저서《정치 선전이 행하는 대중 모

---

13 "Propagande" 항목, *Dictionnaire historique de la langue française*, p.1649, Dictionnaire Le Robert, Paris, 1992.

독》을—아마도 제대로 읽지 않는 바람에—선전을 비판하는 텍스트로 소개한다. 반면에 세르주 차코틴은 자신의 방법들이 민주적인 "대의"를 위해서 충분하게 사용되지 않는 것에 대한 유감을 숨기지 않는다.

차코틴은 나치즘을 위한 선전과 대의를 위한 선전(예를 들어 반전 선전활동[14])을 구분한다. 이 저자는 "사람들이 도덕적인 규칙들을 위반하지 않는다면 인간 공동체에 근거한 역동적 선전, 폭력적 선전까지도 할 수 있다"[15]고 주장하기도 한다.

많은 정치 조직들이 1970년대까지 "선전 책임자들"의 "선전 담당 비서직"과 "선전국들"을 두고 있었고, 일부는 오늘날까지도 긍정적인 의미로 사용하고 있다. 그렇지만 냉전의 종말 즈음, 특히 베를린 장벽이 무너진 후, 일부 정치 조직들은 그 용어에 경멸적인 의미가 점점 더해지는 것을 고려하여 명칭을 변경하기에 이른다. 이런 경우 대부분, 이런 서비스들은 "정보" 서비스로 불리거나, "커뮤니케이션 서비스"로 불리는 경우가 가장 많다.

선전은 오늘날 정치 분야에서 거꾸로 이 단어에 부여되는 하나의 의미를 갖게 된다. 곧 살펴보겠지만, 이런 현상은 선전 방법들이, 예를 들어, 광고와 같은 다른 분야에서 사용될 수 있는지 확인하는 것을 어렵게 한다. 정치 선전이 광고 분야에서 발달된 방법들에서 영감을 얻었으리라는 사실은 당황스럽다. 이 부분에 관해서는 1938년에 제시된 차코틴의 설명을 보면 확인할 수 있을 것이다. "광고 형식은 한없이 다양하며, 때로 창의력이 풍부해서 예상을 벗어나 정치 선전에 영향을 미치기도 한다. 광고는 특히 북아메리카에서 가장 큰 발전을 이루었고, 이곳에서 매우 특별한 중요성

14 Serge TCHAKHOTINE, *Le Viol des fouels par la propagande politique*, Gallimard, Paris, 1952, p. 540.

15 위의 책, p. 559.

을 차지하게 된다. 이것은 흔히 말하는 미국식 광고이다. 1932년 봄 독일의 정치 투쟁에서 히틀러의 선전 담당자인 괴벨스가 세계인들에게 깊은 인상을 주고, "부르주아를 기절초풍하게 만들어" 그들을 자신의 목적에 따르도록 하기 위해서—독일 공화국의 대통령을 뽑는 히틀러의 선거에서—정치 선전에 "미국식 규모의 미국식 방법들"[16]을 사용하겠다고 만방에 선언한 사실은 흥미로우면서도 타당하기도 한 것이다." 광고적인 일부 형식과 선전과의 "융합"은 그 두 가지 방향에서 제대로 작동한다.

선전의 기능

장-마리 도므나크Jean-Marie Domenach에 의하면, 선전은 다섯 가지 형식화 규칙을 실행하는 기술로 정의된다(어떤 공통의 적을 의인화할 때에는 단순화, 사실을 왜곡할 수 있게 하는 과장, 그렇게 단순화되고 왜곡된 메시지를 반복할 수 있게 하는 조화, 다양한 대중에게 맞춰 주는 융합, 끝으로 만장일치를 얻기 위한 전파). 효과적인 선전 활동의 원천이 되는 이런 조작은 언어 행위와는 근본적으로 다른 하나의 양태라기보다는 민주적인 논증 담화의 일반적인 규칙에서 벗어난 하나의 일탈이라는 것을 확인하게 된다. 물론 이런 일탈은 필수적이고, 그것에 전념하는 이들은 그들이 의존하는 근거에 대해 구사하는 평화로운 화법과 폭력을 구분함으로써 그 경계를 뛰어넘는다. 선전 담화를, 민주주주의 자들에게는 없는, 악랄한 언어 버전으로 제시하지 않아야 한다는 것도 마찬가지이다.

정치 분야에서, 선전 기술을 사용한다는 것은 이 기술이 목표로 삼는 대중들은 여러 견해와 사상적 체계 사이에서 선택한다는 것을 전제한다. 선

---

16 위의 책, p. 130.

전은 언제나 민주적인 맥락에서 혹은, 앞에서도 강조한 것이지만, 민주주의의 환영에 사로잡힌 맥락에서 발생하는 것이다. 《위니베르살리스 백과사전Encyclopaedia Universalis》[17]의 "선전" 표제어 항목에서 (출처 표시가 되어 있지 않은) 저자는 다음과 같이 기술했다. "이것은 권력 문제가 공개적으로 제기되는 순간에 시작되며, 그것의 문채가 어떤 세상의 질서가 제시하는 신화적이거나 종교적 표현에 더 이상 용해되지 않는 순간부터, 합의를 쟁취하려는 특수한 방법들에 초점이 맞춰지는 그 순간부터 발생한다. 그런 의미에서 정치적인 선전은 그리스의 민주주의와 그 기원을 같이한다."[18]

선전을 하기 위해서는, 실제로, 사상적 투쟁이 있어야 하고 대중의 의견도 고려해야 한다. 강제하는 것만으로 충분한 상황에서는 선전은 아무 의미 없다. 그러나 선전의 목적은 바로 민주주의 근저에 있는 선택의 가능성을 없애는 데 있다. 따라서 선전은 선전과 그것의 희생자 사이에 의견 일치가 있는 것 같은 착각을 일으키게 하면서 그것을 행할 것이다. 자크 엘륄은 현대적인 선전은 한편으로는, 영향력을 행사하는 기술을 실행하는 것이 대중들에게 제대로 효과를 발휘한다는 것과, 다른 한편으로는, 정치 분야에서 심리 문제가 중요하다는 이중적인 인식과 연결되어 존재한다는 것을 강조한다. 여러 심리적인 조작기술들 중에서 가장 일반적인 선전은 따라서 어떤 의견을 표현하고 전파하는 하나의 방법으로서 정의될 수 있고, 그 결과 그것의 수용자는 그 선전에 동의한다고 생각하는 순간에 그 주제에 대해서 다른 선택을 하는 것이 불가능해지는 상황에 처하게 된다.

---

17 (옮긴이 주) 브리태니커 백과사전의 프랑스어판.

18 "Propagande" 항목, *Encyclopaedia Universalis*, Paris, 1995.

목록의 필요성

선전과, 더 넓게는, 대중 여론을 조작하는 기술들을 사용하는 것은 20세기에 지속적으로 체계화된 어느 지식에 기대고 있다. 고전적인 민중 선동의 원천들은 고대 이후로 알려졌지만, 그때는 동기들이 부족하지 않았고 대중들도 마찬가지였으며, 언제나 최고의 효율성이 추구되었다. 우리는 선전을 오늘날 정치가 "군중들"을 동원하는 "군중들의 시대"가 되었을 것이라는 사실과 자주 연결시킨다. 선전은 자주 집단적인 현상들과 관계를 맺으며, 그 현상 안에서 대중들의 비합리성은 개인이, 본성적으로 의지하는 자유의지보다 우세할 것이다.

지나치게 교육받은 대중

말에 대한 현대적인 조작 현상을 이해하기 위해서, 이 분야에서 이전에는 거의 드러나지 않았던 차원에 대해서 강조하고 싶다. 20세기는 특히 기술적으로 말하는 방법을 발전시키고자 한 모든 나라에서 학교 시설의 보급과 교육, 문자 교육이 발전한 세기이다. 이 때문에 고전적인 확신 방법들에서는 나타나지 않았던, 저항은 더욱 거세졌고 대중들은 더 많이 정보화되고 정보에 더 잘 접근하게 되었다. 우리는 대중들의 세기에 있는 것이 아니라, 노동자이건 농부이건 간에, 누구나 자신에게 전달된 말을 평가할 수 있는 시대에 속해 있는 것이다.

그 시도는 값이 얼마가 되었든, 그 값이 무엇이든지 간에, 이기고 설득하려는 사람들에 의해 지나치게 인위적으로 꾸민 사실들로부터 발생했을 수 있는 방법들이 광범위하게 사용된다. 20세기 담화 조작의 발전은 역설적이게도 대중의 지식과 정보 수준이 전반적으로 상승된 것과 관련된다. 광고의 세계가 그것을 힘겨운 경험으로 만들 것이다. 밴스 패커드가 강조한 것처럼, "잠재의식에 호소하려는 아이디어는" 다시 말하면, 새로운 설득 기술들을 사용하려는 아이디어는 "미국인들로 하여금 자기 공장에서 생산할 수 있는 것들을 사게 하려는 기업가들이 끊임없이 맞부딪히는 어려움에서 상당 부분 시작되었다."[19]

이것은 바로 대중이 어떤 방법들을 사용해야 한다고 자기에게 제안된 메시지들에 지나치게 교육되었기 때문이다. 이 방법들은 이런 교육을 왜곡할 것이고, 개인을 그런 영향에 더 유순해질 어떤 상태로 퇴행하게 하는 특성을 가지고 있다.[19]

필수적인 연속성

오늘날 사용되는 새로운 조작기술은 무엇일까? 앞에서 소개한 기술들과 오늘날 대중적 공간에 퍼진 방법들 사이에 정말로 차이가 있을까? 이런 실천 방식들을 구체적인 목록으로 제시할 필요가 있다. 앞으로 살펴보겠지만, 20세기 내내, 현재까지도 그 방법들이 지속적으로 사용되어 왔다는 가정이 한번에 명확히 드러난다. 소위 가치들을 기술하는 것과 그 가치들을 옹호하는 데 사용하는 동기들을 기술하는 것을 구별하는 것이 가장 힘들기 때문에, 그런 가정을 구체화하기는 힘들다. 따라서 파시스트적 선전과 광고적 선전을 같은 차원에서 취급하지는 않을 것이다. 이런 선전들은 가치 차원에서는 볼 만한 것이 아무것도 없지만, 이것들 사이에는 기술적인 어떤 공통성이 있으며, 뒷부분에서 살펴보겠지만, 그 엄밀한 차원에는 효

19 Vance PACKARD, 앞의 책, p. 17.

과적인 어떤 공통성이 존재한다. 그러므로 그 둘 사이의 연속성이 다시 드러나도록 그 기술들을 그 자체로 떼어 내어 다루는 분석적인 노력을 해야 한다.

조작에 대한 이런 분석은 어떤 커뮤니케이션 과정이 관련되어 있다는 원칙에서 출발한다. 선전과 조작에 종사하는 대부분의 사람들이 커뮤니케이션적 차원의 중요성을 강조했다. 설득하려는 목적을 지닌 모든 행위는, 일반적으로, 어떤 메시지, 즉 제시된 어떤 의견의 형식을 담고 있다. 설득 행위는 연설자의 생각을 담은 정보가 아니다. 그것은 청중의 관점을 바꾸고 수용할 만한 의견으로 만들려는 목적을 지닌 하나의 형식이다. 하지만 그 형식이 다듬어지지 않은 채 제시된다면, 수용 의견이 되지 못할 것이다. 그런 의미에서, 조작은 논증처럼 진행된다. 그렇지만 제시된 것에 자유롭게 동조하도록 내버려 두느냐, 아니면 반대로, 청중을 그것으로 억압하려고 하느냐처럼 청중을 다루는 방식에서 근본적으로 차이가 난다. 조작은 억압적인 커뮤니케이션이다. 그 과정을 기술하는 것은, 그렇게 추진된 동기들과는 별도로, 그런 억압적인 방법들을 기술하는 것이다.

이런 분석은 조작 행위들의 유형론으로 이어진다. 나중에 뒤이어질 내용들은 완벽하게 정리된 주장은 아니다. 우리는 이런 임시 분류에서 조작 방법들을 고전적인 두 범주에서 구별하려고 애썼다. 첫 번째는 메시지의 형태에 개입하고 정서에 반드시 작용하려 하는 기술들의 범주이고, 두 번째는 메시지의 내용, 즉 그것의 내적 구조와 인지적 차원에 개입하는 기술들의 범주이다. 하나는 감정들(유혹, 아름다움, 두려움)에 호소하는 것이고, 다른 하나는 논증의 속임수들(혼합되고 왜곡된 구성)이라 할 수 있다.

사례들의 중요성

유감스럽게도 가장 잘 사용되는 것으로 목록화가 가능한 다양한 조작 방법들을 자세히 소개하기 전에, 제시될 예들의 선택 문제와 관련하여 약간의 언급이 필요할 것이다. 이 작업의 목적은 조작이 어떻게, 기술적으로, 그것을 추진하는 데 사용하는 동기들과는 별도로 작동하는지를 보여 주려는 것이다. 그렇지만 우리로서는 그 의도를 설명하고, 그것을 명확하게 할 사례들을 제시해야 한다. 조작이란 사례들을 끌어오는 그 소재 자체에도 언제나 작동하기 때문이다. 따라서 우리는 의도의 근거로 삼는 사례들의 품질을 위해서 일반적인 예들을 선택할 것이며, 그 예들을 정치적 현실, 특히 선전적인 정치 현실, 광고 메시지, "커뮤니케이션의 비밀" 실습의 일환으로 시행하는 "개인적인 성취" 연수와 심리 요법 연수에서 끌어왔다. 동기의 관점에서 보면, 이 모든 것은 서로 겹쳐 있다.

그러므로 독자는 이런 공존으로 인해 느낄 수 있는 본의 아닌 혼합적인 효과에 주의해야 할 것이다. 그런 극우 지도자를 등장시킴으로써 조작 윤곽을 다시 드러내는 사례 하나와, 우파 정치인 알랭 쥐페Alain Juppé와 관련된 또 다른 예, 세 번째로 이러저러한 담배에 관한 광고 하나를 같은 선상에 배치한다고 해서, 이런 사례들에 동일한 가치를 상정하는 것은 분명 아니다. 그들이 주장하는 동기들은 아무것도 서로 비교할 만한 것이 못 되지만, 정확히 표명된 발화 하나에 대한 그 기술은 반대로 공통점이 있을 수 있다. 우리가 조작적인 담화 효과를 분석할 때, 우리는 동기와 가치의 힘으로 얻어진 수용이 만들어 낸 효과와 조작을 사용함으로써 유발된 특수한 효과를 구별하려 애쓸 것이다.

게다가 그러한 점에서 조작 행위는 다양한 방법들을 사용하기 때문에,

흔히 복잡한 대상들이다. 어떤 개별 방법을 설명하려는 모든 시도는 다양한 형태를 가진 예들과 가장 자주 부딪히게 된다. 이 형태가 다양한 예들은 어떤 유일한 특성을 설명하기 위해서 그런 다양한 형태를 사용하는 교육적인 욕망에서 벗어난다. 따라서 그 예 — 와 여기서 선택된 사람들은 이런 규칙에서 벗어나지 못한다 — 는 교육적인 측면에서는 보잘것없다. 왜냐하면 그것은 자신의 의미 작용 안에서 항상 너무 강력하고 너무 포괄적이기 때문이다. 독자는 이런 한계를 제대로 고려하기 바란다. 이런 복잡성을 보여 주기 위해서 이 책의 장 하나를 특별히 활용하여 사례 하나를 분석하기로 했다. 그 사례는 동일한 메시지 하나에 다양한 조작 방법들을 통합하는 능력을 가지고 있다. 이런 사실로부터 만들어진 상황이 위험하다는 것을 알게 될 것이며, 그런 사실을 알게 되면 조작이 "과거에만" 실행된다고 생각하기 힘들 것이다.

4 정서조작

우리는 설득하고자 하는 자들과 그들의 대중들 사이에 확립된 관계에 정서적이고 감정적으로 개입하려는 방법들과 조작을 흔히 연결지어 생각한다. 예를 들어서, 선전은 "비합리적"이고 본능적인 힘으로 작용하며 논증의 합리성보다는 정서, 즉 심미적 감정을 동원한다는 사실을 강조하곤 한다. 합리성과 정서 사이에는, 흔히 하는 말로, 어떤 대립적 기제가 작동한다는 그런 관점을 대강이라도 표현해야 할 것이다.

실제로는 그 관계에 개입하는 것과는 다르게 조작할 수 있다. 다음 장에서는 메시지의 인지적인 차원에서 행하는 모든 조작들을 소개할 것이다. 메시지의 내용을 속이는 것은, 앞으로 보게 되겠지만, 실제 대륙 하나를 표현하는 것을 가능하게 한다. 따라서 조작을 커뮤니케이션의 "비합리적"이거나 "감정적인" 차원으로 축소하는 것은 불가능하다. 이런 사실에 감정이나 매력, 아름다움, 권력에 속하는 것, 즉 다시 말하면, 말 그대로 메시지를 동반하거나 그것을 표현하는 것은 그 자체로 꼭 조작적인 것은 아니라는 것을 덧붙여야 할 것이다. 민주적인 논증의 동기들 중의 하나인, 가치에 호소하는 것은 근본적으로 정서를 동원한다. 열정은 설득하는 행위의 일부를 이루며, 우리는 설득하는 것과 제시하는 것, 논증적인 논거와 과학적인 논증을 뒤섞은 어떤 엄밀한 합리주의의 이름으로만 그 열정들의 제거를 원할 수 있다. 그러므로 열정에 어느 정도 공간을 할애해야 한다. 게다가 메시지를 표현하기 위해서 정서를 동원하는 것은 설득을 원하는 사람이 만들어 내려고 시도하는 심리적인 관계에만 관련되는 것이 아니라, 메시지 그 자체의 편집, 특히 미적 편집과도 관련된다. 따라서 감정 조작을 오직 "관계적인" 차원으로 축소하지는 않을 것이다.

정서를 동원하는 목적은 청중으로 하여금 토론 없이 그 메시지를 받아들이도록 영향을 미치려는 것처럼 보인다. 사람이 매력적이면 그 사람이 한 말이 설득력이 있을 것이다. 고대 그리스에는 잔인하고 유혹적인 어떤 여인이 궁여지책으로 튜닉을 벗고 발가벗은 몸을 보여 준 단순한 일로 배심원단의 무죄석방을 얻었다는 이야기가 있다. 25세기가 지난 후에는, 또 다른 동기를 옹호하기 위해서, 미국 대학 캠퍼스 벽에 붙은 베트남 전쟁 반대 게시문에는 네 명의 예쁜 여학생들 머리 위로 다음과 같은 문구가 쓰여 있었다. "(전쟁에) No라고 말하는 남학생들에게 Yes라고 말하는 여학생들".[1] 조작한다는 것은 판단을 마비시키고 수용자가 다른 방법으로는 찬성하지 않았을 어떤 내용에 스스로 마음의 문을 열게 할 수 있는 모든 것을 하는 것이다. 유혹조차도 대중의 자율적인 박탈을 얻어 내기 위한 일종의 폭력이다.

---

1 1996년 11월 7일자《르 몽드Le Monde》p. 16, "빌 클린턴, '청춘기의 대통령'", 리처드 번스타인 기사에서 인용.

예를 들어 유혹에 의존하는, 특히 광고에서 사용되는 유혹적인 모델들, 인물들, 이미지들을 끝없이 등장시키는 방법에 어떤 비판적인 입장을 취할 수 있기 위해서는 모든 상황을 제대로 파악하는 것이 매우 중요하다. 유혹은 그 자체로 인간 행동의 필수적인 한 요소이지만, 그것의 목적성이 오직 유혹하는 것은 아니지 않는가? 설득할 목적으로 유혹을 사용하는 것이 감정들의 어떻게 보면 기술적인 방향 전환과 일치하지 않는가? 일부 광고업자들은 가끔 "우리가 제공하는 장면들이 없다면 사람들은 슬퍼할 것이다."라고 말하며, 가련한 도덕주의자들의 진영에서 흘러나오는 비판을 언급하기도 한다. 우리는 공공장소에 섹시하게 어필하는 남자 모델들이나 반쯤 벌거벗은 여자들이 출현하는 것에 대해 가치 차원에서 우리가 원하는 대로 판단할 것이다. 그러나 그것은 어떤 메시지가 그러한 수단을 사용한다 할지라도, 그 메시지가 조작적이라고 판단될 만한 그런 유형의 광경을 비난하거나 찬성하는 것은 아니다. 그 메시지에 동조할 요량으로 제시된 논거가 메시지의 내용, 그 자체와 아무런 관련이 없다는 점에서 거기에 조작이 있는 것이다. 다른 관점에서는 기술적으로 우리가 조작을 인정하는 것은 바로 이런 점에서이다.

우리는 여기서 정서 동원을 크게 두 개의 범주로 나누려고 한다. 하나는, 보다 고전적인 것으로, 조작자가 불러일으키기 원하는 감정에 의지하는 것, 즉 그 범주와 관련 없는 어떤 감정과 어떤 의견을 혼합한 것에 의지하는 것이고, 잘 알려지지 않은 다른 한 범주는 우리가 "융합적인 효과"라고 부를 수 있는 것을 활용하는 것이다.

감정에 호소하기

광고업자들이 담당하는 상품을 홍보하기 위해서 엄격하게 정보적인 메시지를 생산한다는, 그들이 보기에는 성가시기만 한 생각을 포기했을 때, 그들의 그런 의견에 작용하는 초기의 근거들 중 하나는 정체성적인 관계였다. 상품은 전혀 중요하지 않다. 하지만 그것이 사람들이 신뢰하는 어떤 사람이 사용하거나, 더 좋은 경우는 욕망을 불러일으키는 어떤 사람이 사용한다면 그 상품은 욕망의 대상이 될 것이고, 그것을 구입하도록 설득하는 것은 쉬워진다. 1928년부터 여성 대상 광고 전문가인 칼 A. 내더Carl A. Naether는 다음과 같은 적절한 기법을 제시한 바 있다. "광고에서 방금 받은 반짝거리는 진주 목걸이를 앞에 두고 황홀경에 빠진 매혹적인 아가씨를 보여 준다면, 그 광고를 본 여성 독자들은 이런 생각으로 반응할 것이 틀림없다. "나도 저 진주들로 나의 유혹 능력을 배가시키고 싶다."[2] 그 작용 기제는 메시지 발신자가 그 메시지 안에 있거나 그 메시지 안에서 표현되는 환상을 만들어 내는 데 있다. 이 경우에는, 그 "매혹적인 아가씨가" 스스로 청자에게 이렇게 말하는 것이다. "나처럼 매력적인 여인이 되려면, 이 진주 목걸이를 사세요."

바로 이 지점에서, 보다 넓은 의미에서의 발신자인 권력이 그 발신자를 받아들이거나 원하도록 만들기 위해서, 메시지의 내용과는 관련 없이, 청자에게 압박을 가한다. 리오넬 베랑제가 "설득-유혹"이라고 부른 것이 "인간관계 속뿐 아니라 대중 커뮤니케이션이나 광고, 정치"[3]에 작동하고

---

2 Stuart EWEN, 앞의 책, p. 49에서 인용.

3 Lionel BELLENGER, 앞의 책, p. 75.

있는 것이다. 그런 현상은 너무 일상적인 것이 되었고, 어떤 방면에서는, 방법으로 위장하고 있어서 이제는 그것이 보이지 않는다. 그런 점에서 그것이 효과가 없다고 말하고 싶지 않은 것이다.

인간관계에서 유혹하는 것이 그 자체의 궁극적인 목적성에 속하는 이곳에서, 설득 행위로 유혹을 전략적으로 사용하는 것은 체계적인 기만에 속한다. 그것은 더 이상 환심을 사기 위해서 환심을 사는 것이 아니라, 팔기 위해서 환심을 사고, 유권자의 표를 탈취하기 위해서 환심을 사고, 명령하기 위해서 환심을 사는 것이다. 그것은 우회적인 방식의 전략이다. 베랑제는 유혹하는 사람은 상황들, 즉 청중에 적응한다는 사실을 강조한다. "유혹자는 필요한 때에 필요한 것을 하거나 말하는 자이다. 이것은 그가 그 상황에 완전히 복종한다는 것을 보여 준다. 유혹자는 자기가 접근하는 그 모든 것과 닮아 있다."[4]

대중 선동적인 유혹

정치 분야에서 유혹자의 전형은 고대 그리스인들에게 이미 잘 알려진 인물인 선동가이다. 에우리피데스Euripide는 선동가를 이렇게 묘사했다. "가장 예상치 못한 상황에 적응할 능력이 있고, 도시국가에 사는 인간과 사회의 범주에서 볼 수 있는 각양각색의 얼굴 표정을 할 수 있으며, 가장 변화무쌍한 상황에서 자신의 행동을 효과적으로 만들 수천 가지의 책략을 만들어 낼 능력이 있는 자."[5] 선동가는 자신이 좋은 후보자라거나 합당한 직위를 차지한 자라고 설득하고 싶어 하는 사람이다. 이를 위해서 다양한 전

---

4 위의 책. pp. 79-80.

5 Lionel BELLENGER, 앞의 책, p. 51에서 인용.

략으로 청중으로 하여금 그가 청중과 같은 생각을 한다고 믿게 할 것이다. 뿐만 아니라 특별한 여러 청중에게 말을 전달하여 그들 각자가 자신이 그들과 같은 생각을 한다고 믿게 할 것이다.

다음은 퀸투스 키케로Quintus Cicéron(그 유명한 키케로의 형제인)가 쓴 선거 전략집의 가장 파렴치한 구절들 중의 하나이다. 키케로는 "아침 감각"을 키워야 한다고 강조한다. "다른 상황에서 이것은 비열한 악덕이지만, 머리와 얼굴과 말을 바꿔야 하고 당시의 대화 상대방의 생각과 감정에 따라 상대방에게 맞춰야 하는 후보자에게는 … 선거전에 반드시 필요한 의무적인 자질이다."[6]

유혹자는 결론을 먼저 제시하는 사람이 아니다. 그는 자기 자신의 관점을 확실히 보여 주지 않고 상대방의 관점 속으로 스며든다. 베랑제가 멋지게 말한 것처럼, "유혹하는 것은 실제로 죽는 것이며, 미끼로 등장하는 것이다."[7] 장 보드리야르는 유혹하는 행위에서 변신이 중요하다고 적절히 강조했다. 선동적인 실제 행위는 믿을 수 없을 만큼의 유연성을 필요로 하고, 같은 단어들이 그것을 받아들이는 청중들 각자의 기대치에 따라서 변신할 수 있도록 충분히 모호하고 상업적인 어휘나 정치적인 어휘를 구성하는 것은 매우 흔한 일이다. 드골 장군이 1958년 알제리의 대중들 앞에서 "프랑스 시민 여러분, 저는 여러분을 이해했습니다"라고 했던 그 유명한 말이 그가 말을 전한 대중들에게 근본적으로 다른 여러 가지 것들을 의미한 것처럼 말이다.

---

6 Quintus CICÉRON, *Petit Manuel de campagne électorale*, Arléa, Paris, 1996.

7 Lionel BELLENGER, 앞의 책, p. 79.

문체에 의한 유혹

타자를 설득하기 위해 사용된 매우 오래된 유혹의 형태 하나는 그 내용과 관련 없이 문체를 사용하는 것이다. 말을 잘하는 웅변가는, 어떻게 보면 이유 없이, 설득을 더 잘하는 경향이 있다. 그의 "달변"이 논거 그 자체를 대체할 때 조작이 시작되며, 그 논거는 사용되지 못하고 상황의 중심 요소가 되지 못한다.

문학적인 "문체적 문채"는 조작에서 가장 자주 사용되는 책략들 중 하나이다. "성구"는 설득할 요량으로 사용되지만 그것은 일종의 장식일 뿐이다. 극우가 사용하는 많은 말들은, 교묘하게 구상되는 다른 조작적인 요소들 외에도, 문체적 문채들, 충격적인 성구들, 재치있는 문구들로만 구성된다. 따라서 이전에 출간된 저서[8]에서 우리가 분석했던 어느 전형적인 텍스트에서 극우 추종자였던 그 텍스트 저자는 그가 "(인종차별에 반대하는) 통합주의자들의 악착스러움"이라 부르던 것을 비판하기 위해서 내용 없는 문체적 문채들만 늘어놓는다. 예들 들어 그는 "정신적인 프랑스인"과 "뱃속만 프랑스인"이라고 대립 개념을 제시하는데, 후자는 "문서상으로 프랑스인이지만, 프랑스적인 정신도, 영혼, 마음도 갖고 있지 않은 사람들"이라는 것이다(그래서 그들을 국경으로 내보내라고 권한다). 이런 방법들은 그런 문체에 감탄하는 특정 대중을 대상으로 하는 성구들에서 빛을 발한다. 프랑스의 어느 극우 지도자가 말한 "뒤라푸르-크레마투아르 Durafour-crématoire"[9]처럼 문체를 통해서 그런 식으로 결코, 분명하게, 논증

---

8 Philippe BRETON, *L'argumentation dans la communication*, La Découverte, *Repères*, Paris, 1996, p. 93 및 이하.

9 (옮긴이 주) 1988년 9월 프랑스의 극우 정당 '국민전선'의 대표인 장-마리 르 펜Jean-Marie Le Pen이 당시 장관이었던 정치인 미셸 뒤라푸르Michel Durafour를 모욕하기 위해서, 그의

된 바 없는 반유대주의의 메시지를 전달하는 경우가 이에 해당한다.

광고 메시지들은 신뢰감을 주려는 오로지 그 이유만으로 그것을 수없이 미화한다. 이 경우에는 말이 아니라 이미지를 가장 자주 사용한다. 블랑슈그뤼니그Blanche Grunig는 1,400개의 광고 문구 코퍼스를 분석한 결과, "우리를 유혹하는 형태들이 우리 주변에 짜 놓은 그물을 우리는 불신하지 않는다"[10]고 강조했다. 이 저자는 광고 메시지들의 극도로 "문체화된" 특성을 잘 보여 주었는데, 이 메시지들은 궁극적으로는 상당히 고전적인 문체의 아름다움에 의존한다.

명확함으로 조작하기

문체는 역사적인 시기와 사회 계층에 따라 변하는 유행의 문제이다. 약 20여 년 전부터 새로운 준거적 문체가 강요되었는데, 이 문체의 기능은 말을 조작할 가능성이 많다. 대중 매체가 전달하는 이런 문체는 요즈음 확산되고 있는 추세이다. 이 문체의 특성은 명확한 어투로 말을 표현하는 것이다. 요즈음은 "명확"해야 하고, "투명한" 담화를 생산해야 하며, 담화의 "불명확함"을 쫓아 버려야 한다. 이 명확함이라는 것이 현혹해서는 안 된다. 바로 상대적인 문체이기 때문이다.

그런데 명확함으로 설득하는 담화는 다른 것으로, 즉 그 담화가 제안하는 논거로 설득하는 데 실패한 담화이다. 명확함은 유혹한다. 명확함은 자신에게 제안된 것을 수용하려는 노력을 하지 않는 대중에게 정확하게 들어

이름을 빗대어 "M. Durafour-crématoire"라고 이 정치인을 지칭한 사건. 이 표현에서 'four crématoire(화장용 오븐)'는 2차 세계대전 당시 '나치의 집단 처형장'을 의미하는 말장난이다.

10 Blanche GRUNIG, *Les Mots de la publicité, l'architecture du slogan*, Presses du CNRS, Paris, 1990, p. 8.

맞는다는 착각을 준다. 문체의 명확함은 이 경우에 교육과는 관련 없으며 바로 담화로 대중을 선동하는 것이다. 명확함이 논증 행위에 단순하게 동원되는 것이 아니라, 그것을 대체한다면 거기서 선동이 시작되는 것이다.

명확함은 최근 들어 설득 문체의 대열에서 환영받고 있는 간결함과 자주 어깨를 나란히 한다. 앞에서 살펴본 타키투스는 말의 위상이 근본적으로 변했었던 또 다른 설득 문체의 시기를 설명했다. 로마 제국 시기에는 담화들이 훨씬 짧았으나, 로마 공화정 시기에는 웅변가와 대중들이 시간을 들여 천천히 발표하고 생각한다는 것이다. 마찬가지로, 1956년 미국 공화당의 섭외 책임자는 다음과 같이 선언했다. 이 시기는 은밀하게 설득하는 새로운 전문가들이 미국 정계를 쥐고 있던 시기였다. "정치 담화를 길게 이야기하는 시기는 지났다. 공화당은 5분간 짧게 강연하는 방식을 선택할 것이다."[11] 간결한 포맷은 오늘날 설득하고자 하는 모든 메시지의 표준이 되었다.

메시지의 미화

조작의 방법으로 문체가 탄생할 때 반드시 문학적인 것은 아니다. 그것은 일부 대중의 마음에 드는 장르 정도이며, 그 대중에게는 거기서 "문체"가 보인다. 예를 들어, 나치의 신화를 분석한 장-뤽 낭시Jean-Luc Nancy와 필리프 라쿠-라바르트Philippe Lacoue-Labarthe는 이 체제의 길잡이 역할을 하는 두 권의 책(히틀러의《나의 투쟁Mein Kampf》과 알프레트 로젠베르크Alfred Rosenberg의《20세기의 신화Le Mythe du XXe siècle》)에 대해서 다음과 같이 지적한다. "두 책의 (그렇게 말할 수 있다면) 문체에 대해 들여다보는 시간

11 Vance PACKARD, 앞의 책, p. 179.

이 필요할 것이다. 이 둘의 문체는 많은 점에서 서로 닮아 있다. 두 책의 공통 구성과 구사하는 언어를 살펴보면, 이 책의 문체들은 단정적인 논거들을 쌓고 있다. 지칠 줄 모르고 반복되는 확신과 명백함(적어도 그런 자료들)으로 혼잡스럽게 축적되어 있다. 그들은 하나의 생각을 두드려 만들어 내고 있는데, 그 생각에 적합할 것 같은 모든 것으로 그 생각을 지지하나 분석도 없고, 반대 의견과 토론을 하는 것도 아니며, 참고 자료를 제시하지도 않는다. 거기에는 확립해야 할 지식이 없고 정복해야 할 생각도 없다. 다만 이미 확실한, 바로 사용 가능한 진리 하나를 선언할 뿐이다 … 그들은 일종의 신화적인 확산을 암묵적으로 표방하는데, 이 신화적인 확산은 그다지 시적이지는 않으나, 자기 확신의 강압적인 능력 안에서 자신의 모든 수단을 찾는다."[12]

에리크 미쇼Eric Michaud는 어느 날 약간은 도발적인 주장을 한다. 알려진 바와는 달리, 히틀러는 "실패한 화가"가 아니라는 것이다. 오히려 성공한 예술가이다. 왜냐하면 독일인들 전체를 자기 예술의 "재료"로 사용했기 때문이다.[13] 우리는 여기서 반드시 강조할 필요는 없을지라도 선전 행위가 얼마나 대중 미화에 기반하고 있는지를 충분히 강조한 바 있다. 대중들은 결국 그들의 구성에 따라서 메시지 그 자체의 일부가 되어 버린다. 삼십 년 동안 선전 활동에 가치 있었던 것들이 오늘날에도 가치가 있는 것이다. 피에르 르장드르Pierre Legendre의 영화 〈서구적 인간의 제조La Fabrique de l'homme occidental〉(1997)에서 강렬한 장면들 중 하나는 "내부 커뮤니케이

---

12 Jean-Luc NANCY & Philippe LACOUE-LABARTHE, *Le Mythe nazi*, Éditions de l'Aube, La Tour-d'Aigues, 1991, p. 52.

13 Éric MICHAUD, *Un Art de l'éternité*, Gallimard, Paris, 1996.

션 작용"에 대한 르포였다. 내부 커뮤니케이션 작용에서 한 기업의 임원과 직원들은 그들이 수신자인 동시에 소재로 사용되는 광범위한 미적 연출의 희생자들이라는 것이다.

일반적으로 광고나 커뮤니케이션에서 메시지의 미학은 그 내용이 차지하는 장소나 자리에서 가치를 발휘하는 경향이 있다. 메시지 안에서 설득하는 것처럼 보이는 것은 내용에서 형태로 전환된다. 선전에서 예술을 사용하는 것, 즉 다시 말해 조작적인 커뮤니케이션의 기능을 위해서 예술의 미적 기능을 남용하는 것은 이런 논리로 작동된다. 어느 볼셰비키 선전가가 1919년에 말한 것처럼, "우리는 예술을 조직화해야 하고 그것을, 붉은 군대와 산업처럼, 완전 국가를 만들려는 계획에 도움이 되는 효율적인 도구로 삼아야 한다."[14] 이 지적은 기술적인 차원(당연히 가치 차원은 아니다)에서 오늘날의 광고계로 모두 전환 가능한 말이다. 오늘날의 광고계는 메시지를 만들기 위해서 점점 더 예술가들, 특히 영화인들에게 도움을 요청하고 있다. 그 메시지가 설득력이 있으려면 미적인 유혹에 의존해야 할 것이다.

공포, 권위

권위의 형태로 위장하고 있을지라도, 설득하고자 하는 사람이 불러일으키는 공포는 조작 방법들을 중 하나로 작용한다. 그런 사실은 모 극우 대표가 초대된 라디오나 텔레비전 방송의 준비 상황이나, 스튜디오를 지배하던 분위기를 살펴보는 것으로 충분히 확인 가능하다. 언어적이거나 비언어적인 폭력을 쓰는 사람들과 토론하는 것은 쉬운 일이 아니다. 이 사람들이 결

14 Igor GOLOMSTOCK이 인용, *L'Art totalitaire*, Éditions Carré, Paris, 1991.

국 "강하게 나오는" 것은 흔한 일이다. 말로 표현되는 이런 폭력성에 맞서서, 프랑스 좌파도 한때는 똑같이 폭력적이고 선동적인 방법을 사용할 수 있는 사람들을 동원하는 것이 좋다고 생각했었다. 따라서 그들은 텔레비전 토론에서 극우에 맞서서 비슷한 역할을 하는 베르나르 타피Bernard Tapie 같은 사람들에게 의존했다. 이런 종류의 시도는 역효과를 불러온다. 결국 비판받는 그 폭력적인 방식이 일반적인 것이 되고 적법한 것이 되기 때문이다.

남녀 정치인들이나 신문기자들이 극우의 대표자들과 "대화하기"를 수락한 수많은 미디어 토론의 경험은 다른 조작 방법들과 결합한 공포와 권위가 그 조작 방법들의 개입을 효과적으로 만드는 힘이 있다는 것을 보여준다. 따라서 우리는 프랑스 극우 정당인 국민전선의 의원들이 의욕적이고 능력 있으면서 문헌적 지식도 충분한 신문기자들에게 강한 인상을 준 나머지, 예를 들어, 유대인 조직들이 프랑스 공화국의 대통령을 좌지우지한다고 주장하는 관점을, 큰 저항 없이 유포하게 되는 것을 목도했다.[15] 그 신문기자는 의견을 조작하는 어떤 이와 민주적으로 토론하고 있었다.

보다 일반적으로, 권위에 의존하는 것은 우리가 상상하는 것보다 더 자주 사용되는 조작 방법이다. 이것은 무슨 수를 써서라도 어떤 의견을 받아들이게 하거나, 어떤 행동을 유도하기 위해서 토론하기보다는 단언하게 한다. 이런 방법이 자주 사용되는 이유들, 또한 제대로 그것을 정의하기 어려운 이유들 중 하나는 이것이 레토릭에서 "권위적인 논증"이라 말하는 것과 비슷하기 때문이다. 이 권위적인 논증은 어떤 권위가 만든 적법한 신

15 예를 들어, 1997년 4월 15일 토요일, 알자스 FR3의 "Opinion publique(여론)" 방송에서 국민전선의 이반 블로Yvan Blot와 토론한 신문기자 알렝 롤라Alain Rollat.

뢰에 기반하며, 우리에게 맡겨진 모든 것을 우리 스스로 확인할 수 없다는 원리가 여기에 적용된다.[16]

참고할 만한 사례 하나는, 드러난 사실을 설명하기가 훨씬 어렵지만, 미국 사회심리학자 스탠리 밀그램Stanley Milgram이 진행한 실험을 들 수 있다. 이 실험은 "과학적인 실험"으로 어느 정도 권위 있는 어느 연구자가, 기억과 관련된 실습 과정에서, 실험용 생쥐 한 마리에게 공포에 떠는 척하는 다른 생쥐를 고문하도록 시킨 것이다. 밀그램이 알고 싶었던 것은 "적법한" 권위자가 과학적인 환경에서 당신에게 그런 것을 요구한다면 어느 정도까지 고문할 수 있는지였다. 그 결과는 두려울 정도였다. 쥐들의 3분의 2가 상대방이 거의 실신할 정도까지 전기를 흘려보내는 것에 동의했다. 우리는 이 실험으로 권위에 의존하는 조작이 보여 주는 대단한 가능성들을 확인할 수 있다.[17]

아동들을 대상으로 하는 조작

설득하려는 목적으로 권위에 그릇되게 의존하는 양상 중에서, 그 중요성에도 불구하고, 아동들의 의식을 자주 조작하는 문제는 소홀히 다루어지고 있다. 밴스 패커드의 지적대로, 거대 자본을 가진 광고업자들이 주도하는, 영향력이 큰 의식화는 아이들을 위해 특화된 방법들을 갖고 있던 한 분야가 발전하면서 시작되었다. 광고업자들을 위한 어느 전문지는 그것과 관련하여 다음과 같이 말한다. "그 영혼들은 당신의 상품을 원하도록 제작

16 Philippe BRETON, 앞의 책, 1996.

17 Stanley MILGRAM, *Soumission à l'autorité. Un point de vue expérimental*, Calmann-Lévy, Paris, 1974. 고문에 대한 성찰 부분에서 이 실험에 대한 다른 해석은 Miguel BENASAYAG, *Utopie et liberté*, Le Découverte, Paris, 1986을 참고할 것.

될 수 있다! 아메리카의 학교에는 거의 이천삼백만 명의 남녀 학생들이 있다. 이 아이들은 음식을 먹고, 옷을 입고, 비누를 사용한다. 그들은 현재의 소비자들이며, 미래의 구매자들이다. 그들은 당신이 상품을 판매할 거대 시장을 구성한다. 이 아이들이 당신의 상품에 열광하도록 만들라. 그러면 부모들에게 그것을 사 달라고 조를 것이다."[18]

스탈린주의 선전가가 같은 기술들을 사용한 적이 있다. 이들은 그런 권위적인 남용을 사용하여 아이들이 그들의 부모를 정치적으로 "교육하도록" 했다. 자주, 이런 방법들은 유혹에 의존한다. 그러나 (그 유혹이 아동들로 하여금—겉으로는 자의적인 것으로 보이는 경우조차도—순리에 어긋나는 행위를 하거나 받아들이도록 강요할 때) 어른들이 아동들을 유혹하는 것을 법이 권위를 남용하는 것으로 판단하는 것과 마찬가지로, 조작적인 메시지들로 아동이나 청소년을 "유혹"하는 것은 엄격한 의미에서 권위를 남용하는 것이다. 취학 전 아동들은, 예를 들어, 광고 영상과 그것과는 다른 텔레비전 방송을 제대로 구분하지 않는다는 것을 잘 알기 때문에 더욱 그러하다. 그러므로 미디어의 전반적인 권위는 이들에게 영향을 미친다. 어느 기자가 지적한 것처럼, "종교와 정치 분야가 아동들의 영혼을 상대로 조작한다면 부모들로부터 폭풍우와 같은 항의를 불러일으킬 것이다 … 하지만 상업 분야에서 아동들은 적법하고 이상적인 먹잇감이다."[19]

---

18 Vance PACKARD, 앞의 책, p. 148에서 인용.

19 Vance PACKARD, 앞의 책, p. 151에서 인용.

정서적인 혼합

메시지를 조작하기 위해서 자주 사용되는 방식이 있다. 그것은 어떤 의견과, 그 의견 내용에 대한 논의 없이 어떤 외부 요소를 정서적인 차원에서 혼합하여 하나의 메시지를 고안해 냄으로써 그 의견을 받아들이도록 만드는 것이다. 그 외부 요소는 그 의견과 직접적인 관계는 없지만, 청중이 긍정적으로 반응할 수 있다고 판단되는 어떤 것이다. 이렇게 그 외부 요소의 정서적인 부분을 의견 그 자체로 전환하는 것이다.

예를 들어, 몇 년 전에 의도적인 성적 도발로 상상력에 큰 충격을 준 프랑스 광고가 하나 있었다. 툴루즈의 어느 약사가 개발했던, 오래된 작은 감초 사탕 브랜드가 거대 시장에 진출할 발판을 구축하려 애쓰고 있었다. 이를 위하여 프로방스산 약국 상품인, 카테큐 라조니 사탕이라는 그 이름 자체로 엄격한 분위기를 자아내는, 그 사탕 브랜드의 약간은 진부한 이미지를 떨쳐 내야 했다.

자문을 받은 광고업자들은 목표에 돌진하기로 결심했다. 그들이 구상한, 먼저 텔레비전으로 전파될, 메시지는 한편으로는 제품—카테큐 사탕 한 상자—을 노출시키는 것이고, 다른 한편으로는 풍만한 가슴을 드러낸 젊은 여성을 등장시키는 것이었다. 그 모델은 매우 에로틱한 암시를 풍기도록 가슴이 흔들리게 상반신을 움직였고, 이것은 상자 안에 든 사탕들의 움직임을 연상시켰을 것이다. 그 메시지는 그 이상 어떠한 것도 전하지 않을 것이다.

그 광고의 구성은 명확하다. 제시된 상품과 에로틱한 자극 간의 연합을 제안하는 것이다. 여기서 기술적으로 조작이 존재하는 것이 분명한 이러한 연합은 어떠한 관련 근거도 없다. 라조니 사탕과 이 모델의 가슴 사이에는, 본성적으로도, 아무런 관계가 없다. 그 혼합의 메커니즘은 간단하다. 그 메커니즘은 메시지가 대상으로 삼은 시청자의 마음에 이미 존재하는, 기쁘고, 즐거운, 바라는, 욕망하기까지 하는, 그러나 또한 공포스럽거나 두려움이나 역겨움을 불러일으키는 어떤 요소를 찾게 하려는 것이며, 이러한 요소를 그렇게 증대된 메시지에 연결하려는 것이다. 광고는, 뿐만 아니라 선전적인 행위는, 바로 이런 경우에 메시지를 광고의 정보적인 차원에서 확장시키려 한다.

이런 비판이 텔레비전에서 성적인 것을 사용했다거나, 그 모델의 이미지나, 보다 일반적으로는, 여성의 이미지를 실추한 것에 항의하려는 것이 아님을 기억해 두자. 이 비판은 그 메시지에 섞여 있는 가치들을 대상으로 하는 것이다. 여기에서 우리에게 거의 중요하지 않는 그런 분석 형태는, 하지만 그것이 그런 비판이 불가능하다는 것을 의미하는 것은 아니지만, 그런 비판은 담론이 목적으로 삼는 방향 전환에 대한 분석 형태라는 또 다른 수준을 지향하는 것이다. 실제로 사람들은 벌거벗은 여인들이 다소간 선정적인 방법으로 그들의 신체를 노출시키는 것을 보기 원치 않을 수도 있고, 그것을 좋아할 수도 있다. 이것은 또 다른 토론 주제이다. 우리에게 중요한 것은 그 모델이 도발한 감각과 바로 그 옆에 제시된 제품 사이에 어떠한 관계도 없다는 것을 확인하는 것이다.

바로 이런 경우에 조작이 작동하는 이유가 무엇인가? 어찌하여 우리는 그 메시지가 "합리적이지 않다"고 거부함으로써 그런 관계적인 부재에 즉각적으로 반응하지 않는 것인가? 우리가 거기에서 일종의 불합리성을 보지 못하는 것은 무슨 까닭인가? 그것은 우선 우리가 라조니 사탕이 아니라 그 모델과 그녀의 선정적인 몸짓에 무관심하지 않기 때문이며, 그 메시지가 반복되고, 그 메시지의 전파가 반복되기 때문이다. 혼합이 일어나는 이런 경우가 그런 것처럼 우리가 반복되는 것에 저항하기 쉽지 않다는 사실에 근거하는 이 특별한 관계적인 조작이 결합현상을 불러일으키는 것이다.

제품 그 자체와는 관계없는, 메시지 일부의 인상적인 특성을 반복과 혼합함으로써 정말로 홍보하기를 원하는 다른 부분보다 이 부분을 받아들이도록 감각을 확실하게 오염시킬 것이다. 명확한 감정을 재빨리 전달하는 감각적인 전환이 일어나는 것이다. 조작을 당한 이후에, 우리는 이런 방식으로 인공적으로 땜질된, 그 메시지의 두 부분 사이에서 명확한 관련성을 보았다고 정말로 생각하게 된다.

융합적인 효과

유혹이나 권위로의 복종이 어떤 이타적인 존재, 즉 확신을 주며 마음에 드는 어떤 타자를 전제로 하는 그곳에서 혹은 사람들이 두려운 나머지 당신을 설득시키려고 하는 것에 깊은 생각 없이 마음을 열지라도, 융합적인 과정은 커뮤니케이션 과정 안에 존재하는 모든 차이를 없애려 한다. 추구하는 목적은 동일하다. 배후 조종자의 마음대로 청중을 휘어잡기 위해서 메시지의 표현을 구상하는 것이다. 유혹하는 과정처럼, 융합적인 과정은 사람들(조종하는 자와 조종당하는 자) 간에 직접적으로 창출되는 어떤 관계 유형뿐만 아니라 청중이 거부할 수 있을 저항에 더 쉽게 침투하도록 해 주는 메시지를 제시하는 어떤 방법과도 연관된다. 그 목적은 동일하나 그 방법이 다양해서 정신을 도취시키는 기술과 조작적인 기술들로부터 영감을 얻는다.

반복

차코틴이 앞서 강조한 것처럼, 반복은 조작 과정에서 명백하게 상당한 역할을 한다. 고전 레토릭에서 구성적인 문체였던 반복이 — 올리비에 르불이 지적한 대로, 고전 레토릭에서는 반복이 "이해시키기 위해서" 사용되었다 — 설득을 위한 기본 수단으로 사용될 때, 그것은 그런 지위를 잃는다.

반복은 이 메커니즘의 유일한 사실로부터 어떤 확신의 감정을 철저하게, 인위적으로 만들어 낸다. 논증되지 않았기 때문에 우리에게 처음에는 근거 없고 이상하게 느껴지는 것이 반복되는 동안 결국 받아들일 만하게 느껴지고, 그 다음에는 정상적인 것으로 느껴진다. 이런 기술은 반복적으로 들은 것이 훨씬 이전에 어딘가에서 논증된 적이 있다는 인상을 만들어 낸다. 반복은 그들이 반복하는 그 대상을 결코 설명해 준 적이 없다는 사실을 망각시키면서 작동한다.

정치에서, 커뮤니케이션이나 광고에서와 마찬가지로, 가장 단순하게 반복되는 형태는 슬로건이다. 여기서 우리는 이반 P. 파블로프의 유령을 만난다.[20] 차코틴의 말처럼, "반복은 조종당한 모든 사고 구성 안에서처럼, 광고 속에서 중요한 역할을 한다 … 상업 광고와 정치 선전은 … 같은 형태의 끊임없는 대량 반복 기법을 활용한다. 특히 이것들은 번쩍거리는 자극과, 요란한 색깔, 리드미컬하고 끈질긴 소리를 사용함으로써 정신적으로 피곤한 상태가 되도록 만든다. 이런 상태는 그 떠들썩한 광고를 틀어 대는 사람의 의지를 복종시키는 데 유리하다."[21] 이 "정신적인 피곤"은 비판 의식을 포기하도록 만드는 현상으로, 그 광고가 과거에도 있었던 것이고 어

20 (옮긴이 주) '파블로프의 개' 실험을 의미함.

21 Serge TAHCKHOTINE, 앞의 책, p. 131.

느 정도는 반복되는 것으로 보아, 그 메시지는 이미 증명되었다고 스스로 확신하게 만든다.

이런 반복을 사용함으로써 상당히 간략한 방법들 앞에서 영혼이 거부할 수 있는 저항들을 무력화시키는 교묘한 발전을 이루어 냈다. 차코틴이 다음과 같이 강조했듯이, "무엇보다도 단조로운 반복으로 인한 싫증에 빠질 위험을 예방하기 위해서, 중심 주제를 다양한 모습으로 제시하라고 조언한다. 이런 규칙을 적용한 예를 광고에서 발견할 수 있는데, 포스터에 어떤 상품 광고를 하면서 같은 사람으로 항상 같은 이미지를 사용하면서도 자세는 다양하게 취하는 것이다."[22]

슬로건이 오직 반복 방식에만 의지해서 작동하는 것은 아니다. 슬로건은, 블랑슈 그뤼니그의 표현을 빌리자면, "구성적 대상"으로서, 슬로건의 구성 자체 안에서 "주요하고 근본적이며 특권을 누리는 정신적인 작용들과 특히 잘 어울릴 수 있을 것이다."[23] 그런데 그 구성은 정신적 작용들의 본질을 제대로 자세하게 설명하지 않는다. 반복과 마찬가지로 슬로건을 사용하는 이유들 중 하나는 메시지와 청중 사이에서 일어나는 "융합"을 추구하려는 것이다.

최면 상태와 동기화

"설득하려는", 다시 말해, 청자의 "행동을 변화"시키려는 목적으로 사용되는 최면 상태나 동기화 기술들은 여전히 더 정확하고 분명하게 수많은 "커뮤니케이션 전문가들"에게 의존하고 있다. PNL(신경언어프로그래밍,

22 위의 책, p. 290.
23 Blanche GRUNIG, 앞의 책, p. 8.

programmation neuro-linguistique)의 이론과 실습들은 그런 기술들을 기반으로 한다.

그 기술들을 활용하는 사람들은 메시지의 내용은 중요하지 않으며, 상대방의 영혼에 그 메시지를 침투시킬 메시지의 표현 방식이 중요하다는 것을 분명히 한다. 제니 라보르드Genie Laborde는 다음과 같이 말한다. "효과적으로 의사소통을 하는 재능을 확실하게 갖고 있는 사람들의 말을 들어 보고 관찰한 후에, 전문가들은 그들의 능력이 그들이 말한 내용에서 나오는 것이 아니라 그들이 그것을 말하는 방식에서 나온다는 결론에 도달했다." 그러므로 "커뮤니케이션이 무엇에 대해 말하는지를 연구하는 것이 아니라, 그것이 어떻게 전개되는지를 연구해야 한다."[24] 이런 사실로 인해서, 제안될 기본적인 기술은 "당신이 원하는 것을 얻도록 도와"줄 청자와의 어떤 "관계"를 구성하는 문제가 될 것이다. 그런 관계를 구축하는 방법을 가르치기 위해서, PNL 지지자들은 하나의 "매우 효과적인 과정 … 동기화"를 가르친다.[25] 실제로 타인을 조종하기 위해서, 자기 자신의 행동을 바꾸어 자기가 설득하고자 하는 사람의 행동과 똑같이mirroring 바꾸면 되는 것이다. 이처럼 그들은 자신의 호흡을 타인의 호흡과 동기화시키고 그런 다음 어조, 목소리의 리듬, 몸짓들을 동기화시키고, 이후 커뮤니케이션의 상위 수준에서 어휘와 개념들을 동기화시킬 것을 권한다. 제니 라보르드는 이런 방법을 사용할 때 중요한 점을 정확히 지적했다. "효과적으로 교섭하기 위해서 여기서 배운 어떤 기술들도" 상대방이 "알아채서는 안 될 것이다."

24 Genie LABORDE, *Influencer avec intégrité*, Interéditions, Paris, 1987. pp. 15-16.
25 위의 책, p.41.

사실상, 이 기술들은 그들이 설득시키기 원하는 청자의 의견을 담고 있는 정신의 초입에서 청자의 모든 저항 능력을 무력화시키려는 목적을 가지고 있다. 이런 무력화는 융합적인 효과로 얻어지는 것이다. 이 기술들은 우선 상대방으로 하여금 ―그 기술을 깨닫지 못한 상태에서―자신의 파트너는 "그와 같다"고, 너무 그와 같아서 토론 없이도 관점들을 제대로 공유할 수 있을 정도라고 생각하게 만든다.

제니 라보르드가 자신의 말을 예로 설명하고, 이 방법의 믿을 수 없는 유효성을 전면에 내세우기 위해서 제시한 수많은 예들은 바로 그런 융합적 효과가 있다는 것을 모두 보여 주며, 이 융합적 효과는 조종당한 사람의 정신에 불법적으로 들어가게 해 준다. 예를 들면, 어떤 사람이 어려운 긴 협상 대화를 시작해야 했고, 거기에 "커뮤니케이션 전문가" 한 명을 동반한 적이 있었다. 이 전문가는 대화가 진행되는 동안에는 침묵하기만 했다. 그러나 동시에 (조종해야 할 대상인) 스미스 앞에서 보이지 않는 강력한 신체 훈련을 하고 있었다. "저는 스미스의 호흡에 저를 동기화시키기 시작했습니다." 그 PNL 전문가가 말한다. "그의 몸은 계속 가볍게 흔들리고 있었어요. 의자 위에서 몸을 뒤로 젖힌 채, 신발 뒤축을 의자 다리에 기댔어요. 다리는 벌리고 있었고요. 저는 타이트한 치마를 입고 있어서 그의 상체 자세만 동기화할 수 있었습니다. 몇 분이 지난 후에 저는 호흡의 리듬을 늦췄습니다. 스미스도 똑같이 했습니다. 데이브를 관찰하는 순간, 우리 셋 모두 같은 리듬으로 숨을 쉬고 있다는 것을 깨달았죠. 그것은 우리들 간의 교감이 완성됐다는 것을 의미하지요. 그것 외에 다른 것은 아무것도 하지 않았어요."[26] 그리고 데이브는 원하는 모든 것을 얻었고, 거기에 더하여 스미

---

26 위의 책, p. 51.

스는 그 술책의 세계를 조금도 깨닫지 못했다.

리처드 밴들러Richard Bandler와 존 그라인더John Grinder가 PNL의 어느 연수 보고서에서 말한 것처럼, "신경언어 프로그램은 지금까지 … 최면상태에서 일어난 모든 일의 다음 단계와 관련된다."[27] 그들은 다음과 같은 사실도 주장한다. "임상 중에 있는 누군가가 자신이 최면 상태가 될 것이라는 것을 모른다면(밴들러와 그라인더가 강조) 훨씬 더 수월하게 그 사람을 최면상태로 만들 수 있다. 당신이 그 사람의 무의식과 훨씬 더 쉽게 소통할 수 있을 것이기 때문이다."[28]

보기도 전에 회의적일 독자에게 쓴 이 책의 서문에는 신기하게도 이런 글귀가 있다. "저자들은 여러분들에게 새로운 믿음을 받아들이라고 요구하는 것이 아니다. 우리는 그저 여러분들에게 PNL의 방법과 개념을 여러분 자신의 감각적인 경험의 체로 거르기 위해 필요한 바로 그 시간에는 여러분 자신의 믿음을 줄여 보라고 요구하는 것이다!"

촉각의 기능

리처드 밴들러와 존 그라인더는 타인의 행동을 "재손질"하는 그들의 작업에서 촉각의 기능을 강조하고, 그것을 도구화하는 방법들을 길게 기술한다. 촉각은 최면상태가 진행되는 과정에 필요한 하나의 요소이며, 더 폭넓게는 강력하게 영향력을 미칠 수 있는 방법이기도 하다. 두 명의 프랑스 사회 심리학자, 로베르-뱅상 줄Robert-Vincent Joule과 장-레옹 보부아Jean-Léon

27 Richard BANDLER와 John GRINDER, *Les Secrets de la communication, les techniques du la PNL*, Le Jour Éditeur, Montréal, 1982, p. 282.
28 위의 책, p. 285.

Beauvois는 조작 전문 연구자로서 "어떤 요구들을 허용하는 문제에 있어서 (미국 연구자들이 the touch라고 말하는) 신체적 접촉의 기능은 … 더 이상 놀라운 것이 아니다."[29]라고 주저 없이 말한다. 그들은 이 현상이 가진 효율성의 정도를 측정하기 위해 실시된 여러 심리 실험을 인용한다. 그 결과들은 당황스럽다.

그런 실험들 중의 하나가 캔자스 시티의 어느 슈퍼마켓에서 진행되었다. "피자 시식원"으로 변장한 실험자가 한 조각을 맛보라고 권유하며 그 사람들의 팔뚝을 접촉한 경우, 피자를 시식하겠다고 수락하는 경우가 상당히 증가했다고 한 연구팀이 발표했다. 뿐만 아니라 "접촉"을 당한 사람들이 그 제품을 구입해서 계산대로 오는 경우가 훨씬 더 많았다. 그런데 저자들이 강조하는 바이지만, 제품의 구입은 사람들이 제품에 부여한 질과는 관련 없고, 반대로 첫 번째 실험자가 "접촉"했느냐 하지 않았느냐는 사실과 관련되어 있다. 그러므로, 줄과 보부아가 밝힌 대로 "어떤 제품에 대한 평가와 그 제품의 구입과는 관련성이 없다."[30] 이 현상을 밴스 패커드가 다시 언급했고, 패커드는 광고업자들이 이런 사실을 잘 알고 있다고 강조했다.

줄과 보부아는 자신들의 분석을 더 입증하기 위해서, 또 다른 당황스러운 실험 사례를 제시한다. 이 실험에서 실험자는 대학 도서관 입구에서 도서관으로 들어오는 학생들에게 길을 물어본다. 이렇게 하면서 그는 그들 중 몇 명의 팔뚝을 우연히 접촉한다. 모든 학생들(접촉을 당했거나 당하지

---

29 Robert-Vincent JOULE과 Jean-Léon BEAUVOIS, *Petit Traité de manipulation à l'usage des honnêtes gens*, Presses universitaires de Grenoble, Grenoble, 1987, p. 111.

30 위의 책, p. 111.

않은)이 실험자가 찾고 있는 방향을 제시했다. 그 이후, 도서관 건물 안에서 첫 번째 실험자와 관련 없는 다른 실험자가 상당히 합리적인 요구를 하며 무료 자원 봉사를 요청하는 누군가의 역할을 했다. 그는 접촉을 당한 학생들과 당하지 않은 학생들에게 동시에 말했다. 접촉을 당한 학생들은 그 요청에 더 많이 가능하다고 분명히 대답한 집단을 통계적으로 구성했다(접촉 당하지 않은 학생들은 단지 5%가 응한 상황에서 40%가 이에 응했다). 이 저자들은 다음과 같이 말한다. "학술적인 가상 상황에서 발생한 이런 유형의 결과가 한두 개에 불과하다면 우리는 이런 결과를 신기하게 그러나 확신을 가지고 다룰 뿐, 프랑스어 독자들에게 이런 결과를 반드시 알려야 한다고 판단하지는 않았을 것이다."[31]

이런 성찰을 확장하여 광고나 커뮤니케이션에서의 다양한 성적 자극들이 촉각의 확장된 차원으로서 기능하는 것은 아닌지 생각해 보아야 할 것이다. 물론 TV의 삽입 광고가 대중을 직접적으로 "접촉"하는 것은 아니다. 광고의 소재는 이미지이기 때문이다. 그러나 그런 자극은 구체적으로 느낀 감각으로 변환된 신체적인 반응들을 불러일으킨다. 어떤 의미로는, 우리는 그런 이미지들에 "접촉"당할 수 있으며, 그런 사실로 인해서, 이유를 알지 못한 채로, 그 이미지들에 연결된 상품에 큰 호감을 느낄 수 있다.

31 위의 책.

5 인지조작

메시지를 품고 있는 정서를 동원하는 무한한 방법들 외에도, 메시지 그 자체의 인지적인 내용으로 조작할 수도 있다. 수사적인 전통은 그런 조작의 전형으로, 예를 들어, 메시지의 논리적인 속임수나 가짜 삼단논법들을 활용했다. 이런 관점들을 활용하는 방법들은 상당히 확장되었다. 완곡한 추론들은 이런 방법들의 작은 부분에 지나지 않는다. 우리는 여기서 두 가지 큰 기술들을 구분하여 제시할 것이다. "조작적인 배치"는 상대방이 잘 알고 있고, 이미 수락한 요소들을 활용하여 상대방이 절대로 그 요소들을 수락하는 것을 거부할 수 없는 그런 방식으로 그것들을 재정리하는 것이다. "혼합"은 추가적인 어떤 요소를 덧붙여서 사실들로 구성된 어떤 배치를 제안하는 것으로, 그 추가된 요소 그 자체가 설득하는 데 도움이 될 것이다. 즉, 부당하게 확장된 배치에 해당한다.

조작적인 배치

조작적인 배치는 의견보다는 사실에 더 가깝고, 믿음과는 구별되고 상대적으로 안정적인 기준점들을 우리가 현실에서 가지고 있는 경우에 사용된다. 이 사실들은 여러 사람들에게 공유될 정도로 더 많이 증명될 것이다. 따라서 그 배치는 사실들을 어떤 방식으로 조정하는 것이고, 그것은 논증의 강력한 근거들 중 하나가 되기도 한다. 정보조작은 가장 조작적인 재배치 기술들 중 하나로서, 진짜 정보들을 가리기 위해 만들어진 단순한 거짓 이야기일 뿐인 것을 완전히 믿을 만하고 순수한 사실이 되게 하는 것이다. 정보조작은 진실과 거짓인 모든 근거들을 동원해서 만든 사실과 거짓에 관한 단순 게임이다.

사실들을 배치하는 것은 대체로 단순한 정보적 범위를 넘어서서 설득하고자 하는 행위의 발단이 된다. 조작적인 배치는 원래의 배치를 이용한다면 조작적인 배치가 불가능할 곳에서 일어난다. 그 조작은 상황과 관련된 어떤 폭력을 대가로, 예를 들어 그 이전에는 얻어지지 않던 동의를 얻으려는 목적으로 사실들을 비틀어서 그것들 재배열한다.

조작적인 배치는 크게 다음 세 가지 변이형으로 구분 가능하다. 이러저러한 방법으로 사실이 거짓이 되게 변형하거나 거짓이 사실이 되게 변형하거나, 현실에서 사실들이 일부러 변형되도록 그 사실들의 방향을 유도하거나, 사실들의 일부를 가려서 어떤 주어진 배치를 수용한 결과들이 감춰지도록 한다.

거짓 배치

사실에 대한 거짓은 하나의 전쟁 무기이다. 모든 전략들이 이 무기를 권장하는데, 실제 무기들이 가하는 물리적인 폭력과 거의 맞먹는 심리적인 폭력이 있다는 것을 인정하기 때문이다. 거짓말은 적으로 하여금 그에게는 최악인, 좋지 않은 결정을 하도록 만든다. 전형적인 조작적 배치인 정보 조작은 지적인 무기로서 그 결과는 다수의 희생자를 발생시킬 수 있다. 그 코드 이름마저 상당히 으스스한 "민스미트" ('mincemeat'는 "잘게 다져진 고기"를 의미하므로) 작전은 이런 관점에서 보면 거의 완벽한 정보 조작 모델이다.[1] 1943년에 우엘바Huelva의 스페인 당국자들은 "마틴 대위"라는 어느 영국 장교의 시신을 발견했다. 난파당한 뒤 그의 시신이 해안으로 밀려온 것이다. 그들은 그의 시신에서 그 당시에 가장 중요한 문서들 중 하나를 찾아냈다. 그것은 북아프리카에서 확고한 기반을 구축한 연합군이 유럽 해안에, 정확히는 샤르데냐와 그리스 해안으로 상륙할 것이라는 내용을 담은 확실한 지령문이었다. 이 명확한 지령은 조심스럽게 독일 측에 전달되었다(스페인은 중립국이었기 때문이다). 그 시신과 문서들은 영국인들에게 그대로 반환되었다.

이 정보는 독일 참모부의 골치 아픈 문제를 해결해 줄 것이었다. 그들은 그런 상륙작전을 막기 위해서 군대를 집중시킬 수 있기를 원했으며, 가능성이 있는 모든 해안으로 군대를 분산시키기를 원하지 않았다. 그 문서에는 상륙작전이 시칠리아에서 일어날 것이라고 독일인들이 믿게끔 거짓 정보를 독일인들에게 보냈다는 내용도 담겨져 있었다. 시칠리아는 군사적

---

1 Paul WATZLAWICK이 *La Réalité de la réalité — confusion, dèsinformation, communication*, Seuil, Paris, 1978에서 한 분석 참고 가능.

시각에서는 기술적으로 상륙이 가장 편리한 적합한 장소였다. 따라서 독일인들은 연합국이 시칠리아 상륙을 준비하고 있다는 실제 사인을 받으면 받을수록 그들은 상륙이 바로 거기에서 일어나지 않을 것이라고 점점 더 확신했다!

1943년에 연합군은 계속 사전에 징후를 보인 바대로 시칠리아 섬에 상륙했고, 스페인 바닷가에서 "우연히" 발견된 그 문서를 믿었던 독일은 허를 찔렸다. 제2차 세계대전에는 다른 수많은 거짓 배치 수법이 사용되었다. 몇몇 작전에서 연합국은, 예를 들어, 거짓 정보들의 신빙성을 확고히 하려고 비밀 요원이나 저항조직의 일원들을 희생시키는 것을 마다하지 않았다(그 비밀 요원들이 거짓 정보들을 털어놓은 후, 그리고 인간적으로 몇몇 요원은 제대로 수행할 수 없었던 임무인, "고문을 당하더라도" 그런 사실을 밝히지 말라고 명령해 놓고는 그들을 팔아넘기기도 했다). 정보조작은 바로 대량 살상용 무기이며, 그 으스스한 결과는 전반적으로 득과 실을 남겼다.

역사학자 뱅자맹 스토라Benjamin Stora가 전하는 정보조작기술을 사용한 또 다른 유혈 사례는 다음과 같다. 알제리 독립 전쟁 당시인 1958년에 알제리의 주요 저항 단체들 중의 하나를 대상으로 세뇌 작전을 펼친 것이다. 그 단체는 아미루슈Amirouche라고 불렸던, FLN(민족해방전선)의 지도자 아이트 하무다Aït Hamouda가 지휘하는 곳이었다. 그는 까다로운 사람이었으나 수하들로부터 사랑받고 존경받는 지도자로 자기 진영에 잠입 시도가 일어나거나 반역이 일어날까 걱정하던 사람이었다. 이브 보다르Yves Bodard라는 한 프랑스 대령이 위험한 계략을 구상했다. "이 장교는 윌라야 3(wilaya III) 지역[2]에 대한 자신의 지식을 유리하게 활용했다. 그는 이 저항

2 (옮긴이 주) 알제리 전쟁 당시의 행정 구역으로 알제리 북동쪽 카빌리 지역.

단체로 카빌리 출신의 포로들을 돌려보냈는데, 그 포로들은 그 장교가 제작한 편지들을 가지고 있었다. 그 편지는 이 윌라야 지역의 여러 책임자들에게 보내는 것으로 "극비 정보"라고 기재되어 있었고, 그 사실은 이 편지 전달이 프랑스 측 군 지휘관들과 알제리 전투원들 사이에 비밀스러운 교섭이 있는 것으로 생각하게 만들었다. 몇 차례의 편지 전달 후에 그 계략의 목적은 달성된다 … 몇 주 만에 체포와 처형이 늘어난 것이다."[3]

거짓 배치의 모든 재료들은 이렇게 특히 진실과 거짓 정보들을 미묘하게 섞어서 하나가 다른 하나를 유효하게 하는 데 사용된다. 거짓 정보들은—여기서는 조작된 반역들—그 수신 맥락이 들어맞는 바람에 훨씬 더 신빙성을 갖는다. 바로 이 경우에는 반역이 있을 수 있다는 끊임없는 공포가 만들어 낸, 스파이를 두려워하는 분위기가 이것을 가능케 했다. 그 성공한 조작은 매우 비극적인 결과를 발생시켰다. 보다르 대령이 벌인 효과적인 작전의 결과로, 추정컨대 거의 2천 명의 전투원들이 대부분 고문을 당한 후에 체포되거나 처형된 것이다.

서로 대립적인 입장을 취하는 국가들이 특별한 수단을 사용함으로써 행하는 "비밀 전쟁"이나 군사적 충돌 이외에도 정보조작이 사용되는가? 정보조작의 활용 범위는 사실상, 특히 "산업전과 경제 전쟁" 상황에서, 평화적이기까지 한, 충돌들이 일어나는 도처로 확장된다. 증권과 금융 활동 영역은 심리적인 분위기에 많이 의존하는 곳으로 그런 형태의 조작이 매우 자주 사용되는 곳이다. 이 분야에서 정보조작 시도가 성공하건 실패하건 간에 당사자들은 좀처럼 사실을 공개하지 않는다. 그들 중 일부는 스스

3 Benjamin STORA, *in* REPORTERS SANS FPRNTIÈRE, *Le Drame algérien, Un peuple en otage*, La Découverte, Paris, 1996.

로도 비난받을 만하다고 인정하는 어떤 방법을 사용했기 때문이고, 다른 일부는 그다지 자랑스럽지 않은 그것의 희생자들이기 때문이다. 이 분야에서는 어느 누구도 그런 기술이 사용되었다는 사실이 공개됨으로써 이익을 보는 사람은 없다.

수년 전부터 프랑스에서 이브 베르트랑Yves Bertrand이 책임자로 있는 정보부의 경찰관 두 명을 겨냥한 조사는, 확실하지 않은 정보조작에 관한 조사를 할 때 그 조사가 목표로 할 수 있을 사실들이 제대로 드러나지 않는다면, 그 분석이 얼마나 복잡한지를 보여 주는 사례이다. 이 경우에, 어느 익명의 밀고자가 1995년부터 사실이거나 거짓인, 혹은 사실과 거짓이 섞인 "정보들을" 조금씩 흘려 왔다. 이 밀고자의 목적은 두 경찰관이 당시의 몇몇 여당 정치인들에게 해로운 증거들을 법정에서 감추었을 것이라는 이유로 "거짓 증거와 방해"로 그 두 사람을 고발하도록 법원을 부추기기 위한 것이었다. 이 "정보들"은 (예를 들어 정보부 자체에서 작성한 "메모들"과 같이) 외관상으로 보기에 매우 신뢰할 만한 것이었으나, 그것의 진실성은 관련 당사자들에 의해 부인되었다. 언론에 의해서 "조작의 천재"라고 불린[4] 그 밀고자는 현재로서는 누군지 알 수 없다. 이것은 고위직에 있는 두 경찰의 평판을 깎으려는 정보조작 시도인가, 아니면 진짜 스캔들을 터트리려는 고발인가? 이 모든 어려움은 정보조작이 그 정체를 드러내는 일이 매우 드물다는 사실에 기인한다. 그것은 정체를 알아내거나 식별하기에 가장 어려운 조작 행위들 중 하나일 것이다.

---

4 예를 들어, 1997년 4월 6일자《르 주르날 뒤 디망슈Le journal du dimanch》에 나탈리 프레보 Nathalie PRÉVOST가 기고한 "매우 정치적인 '까마귀'(Un "corbeau" très politique)"라는 기사를 참고할 것(까마귀corbeau는 '익명의 편지 작성자'를 의미함).

그 외에도 "경찰들 중의 경찰"이 1995년에 (이 사건은 앞의 사건과 전혀 관련이 없다) "어떤 조작 기획에 참여했다고 의심받는" 경찰관 한 명과 수사관 한 명을 체포한 적이 있었다. 이들은 "비밀 조직망을 갖춘 일부 경찰관으로 구성된" 본거지를 구축했고, 이 조직망은 "내무부의 일부 고위층에 위해를 가할 목적으로 자주 중상하는 정보들을 퍼트리곤 했다."[5] 단순히 그들의 자리를 차지하려는 목적으로 말이다. 이런 형태의 시도는 기업체나 관공서에서 자주 일어날 수 있을 것이다.

정보를 속이고 조작하는 놀이인 정보조작은 정보가 우리 사회에서 중심적인 위치를 차지함에 따라 그 중요성은 점점 더 커질 것이 틀림없다. 이것은 어떤 이들이 소원이라고 말한 "정보 사회"의 핵심적인 취약점들 중 하나이다. 정보 유통을 미디어가 거의 독점하고 있는 현 상황이 이런 약점을 더욱더 강화한다. 우리는 걸프전 당시 미디어가 어떤 부분에서 조작에 상당히 취약한 기관이라는 것을 보여 주는지 목격할 수 있었다. 다양한 저술에서 많은 사례들을 찾을 수 있다. 특히 베아트리스 플뢰리-빌라트 Béatrice Fleury-Vilatte의 책임하에 씌어진 책이 그렇고,[6] 여러 번 재판을 거듭한 미셸 콜롱Michel Collon의 책은 자료가 상당히 잘 뒷받침되어 있다.[7]

인터넷처럼 새로운 통신 수단은 이런 형태의 조작에는 이상적인 실현 매체이다. 예를 들어, 세계적인 정보망을 통해 전달되는 어떠한 정보도 신뢰할 만하거나 믿을 만하다고 생각할 수 없다는 것을, 안타깝지만, 염두에

---

5 1995년 10월 17일자 《르 몽드Le Monde》 p. 11에 Erich INCIYAN이 기고한 "La police des plices enquête sur une officine de coups tordus au ministère de l'Intérieur".

6 Béatrice FLEURY-VILATTE의 책임하에 출간된 *Les Médias et la guerre du Golfe*, Presses universitaires de Nancy, Nancy, 1992

7 Michel COLLON, *Attention médias!*, EPO, Bruxelles, 1994.

두어야 한다. 실제로 전통적인 미디어의 경우에 감시를 게을리하지 않는 중간 매체가 있고, 자연스런 여과장치들이 존재하는데도 불구하고, 거기서 정보조작이 효과적이라면, 중간 매체도 없고 통제도 없이 모든 것이 곧바로 전달되는 네트워크는 어떻겠는가? 이런 특성은 이미 활용된 적이 있어 보인다. 사파티스타 전투원들이[8] 1995년에 당시 점거했던 지역에서 멕시코 군대를 공격할 때 사용했던 조작 사례가 이를 잘 입증한다. 이 전투원들은 인터넷을 통해 특히 여러 나라의 대학교수들에게 그들이 나름대로 멕시코에 압력을 가할 수 있도록 멕시코 정부에 개입해 달라고 요구하는 메시지를 전파했다. 이 메시지는 그들의 점유지에서 멕시코 군대들이 자행한 수많은 야만적인 행위들을 묘사했다. 그런 주장들에 결집할 준비가 되어 있었던 수많은 네티즌들은 정보조작일 뿐이었던 그 덫의 나락으로 떨어졌다.

기만적인 재배치

정보조작, 즉 거짓으로 속이는 배치와 비슷한 기만적인 재배치는 사실들을 정리함으로써 그렇게 구성된 새로운 현실 이미지가 어느 정도는 거짓인 근거를 기반으로 확신을 갖게 만드는 것이다. 이것은 변형하지 않은 채로 현실을 제시한다면, 청중을 설득시키는 것이 불가능하리라는 생각을 전제로 한다. 이런 실천 행위는 분명히 의식적인 조작 전략에 속한다.

기만적인 재배치는, 예를 들어, 단어들의 의미 작용에서 일어난다. 가장 기본적이고 간략하지만 효과적인 수준에서 사람들은 그 거짓 전조를 발

8 (옮긴이 주) 사파티스타 민족 해방군. 멕시코 치아파스 주에 기반을 둔 무장혁명단체로 1994년부터 멕시코 정부를 상태로 투쟁해 왔다.

견하겠지만, 모호하기 때문에 제대로 분간하기는 어렵다. 밴스 패커드는 이런 게임을 "그다지 거짓말하지 않으면서도 사람들이 가지고 있지 않은 무엇인가를 약속하는 것처럼 보인"[9]다고 기술한다. 리처드 해리스Richard Harris는 이런 의미에 걸맞는, 광고업자들이 폭넓게 사용하는 기법 몇 가지를 소개했다. 첫 번째는 "할 수 있다"라는 단어를 사용하는 것이다(알약 X는 고통을 진정시킬 수 있다). 두 번째는 일부가 잘려진 구문들을 비교하는 것이다("더 하얗게 세탁하는" 세제는 "무엇보다 더 하얀지" 말하지 않은 것이다). 세 번째는 명령문 두 개를 나란히 배치해서 인과관계가 들리도록 하는 것이다(겨울을 감기 없이 보내세요 ; 알약 Y를 드세요). 이 모든 경우에 명백한 속임수는 없으나, 메시지들이 매우 빨리 순환하는 하나의 맥락 안에서 오류로 유도한다.

• 덫에 걸린 단어들 – 기만적 재배치는 정치 분야에서 매우 자주 사용된다. 안드레아스 프뢴드Andreas Freund는 이 주제와 관련하여 "덫에 걸린 단어들"에 대해 말하며, 그것의 유형론을 제안한다. "덫에 걸린 단어들은 내용에 편향성이 있는 단어들에 의해 전달되는 정보 오류와 전혀 다르지 않다. 그 단어들이 가진 선동적인 의미로 일상어에서 한번 전달되고 나면, 이 단어들은 영혼의 정복에 전념하는, 끊임없이 전투에 사용되는 작은 구경의 탄환들이 될 것이다."[10] 프뢴드는 "테러리스트"라는 단어가 사용되는 것을 예로 제시한다. 이 단어는 일부에서는 진짜 테러리스트와는 상관이 없는 사람들, 안드레아스 프뢴드에 의하면, 산디니스타 투사들[11]이나 (아

---

9 Vance PACKARD, 앞의 책, p. 266.

10 Andreas FREUND, *La Mésinformation*, La Pensée sauvage, 1991, p. 151.

11 (옮긴이 주) 니카라과의 정당인 산디니스타 민족해방전선의 투사를 의미. '산디니스타'는 반미항쟁의 상징인 아우구스토 산디노 장군의 이름에서 유래한다.

파르트헤이트 시절의) 남아프리카의 ANC 투사들[12]을 가리키는 데 매우 자주 사용된다. 정서적인 테러리즘이 유발하는 적법한 분노가 그렇게 부당하게 규정된 사람들에게 그런 방식으로 옮겨간 것이다.

안드레아스 프륀드는 "덫에 걸린 단어들"이라는 표현이 "심리학자들, 이른바 파블로프 학파의 행동주의자들이 말하는 "조건" 반사 원칙"[13]에 근거하여 사용되는 것은 아닌지 의심한다. 그는 이런 언어적인 조작을 (실험자가 작은 종을 울려서 침을 흘리게 한 이반 P. 파블로프의 유명한 개 이야기를 참고하여) 다음과 같이 기술한다. "이것은 덫에 걸린 단어들이 그 단어를 읽는 사람에게 작용하는 비교 가능한 어떤 메커니즘에 비롯된 것이다. "테러리즘"이라는 단어는 종의 역할을 하는 것이고, 사람들이 확인하고 싶어 하는 조건반사는 분노이다. 분노로 인해 "침을 흘리게"하기 위해 사용되는 "고기"는 맹목적인 테러를 일으키는 살인적인 광기에 찬 진짜 테러리스트들이 견본이다. 사람들의 머릿속에 "테러리즘"이라는 표현을 이런 이미지와 잘 연합시킨다면, 그 표현을 덫에 걸게 될 것이다… 그리고 (다른 영역의 것들이 만들어 내는) 잠재적인 차이들에 관한 다른 성찰이 개입하지 않고서도, 자동적으로 똑같은 분노에 찬 반사적 반응을 불러일으키는 기회를 갖게 될 것이다."[14]

이 부분과 관련하여 진짜 테러리스트들을 자주 변호하게 된 변호사 자크 베르제스Jacques Vergès는 비슷한 방식으로 그런 재배치를 활용했다. 그

12 (옮긴이 주) ANC는 남아프리카의 사회주의 정당. 소수 백인들에 저항하고 다수 흑인들의 이익을 옹호하기 위해 1912년에 설립되었고, 1960년 아파르트헤이트 기간에는 당시 집권당에 의해 불법으로 규정되었으나, 1990년에 합법적으로 인정받았고, 1994년 넬슨 만델라의 집권 이후 남아프리카 공화국의 주요 정당이 되었다.

13 위의 책, p. 152.

14 위의 책, p. 153.

가 한 번호들 중 하나에서 그는 "단어들의 횡포"에서 벗어나라고 제안한다. "테러리스트들"이라고 카를로스Carlos의 친구들을 이렇게 부르는데, 이 단어는 나치 점령 시기에 독일인들이 만들어 낸 단어이다."[15](여담이지만, 이 단어는 1794년부터 그런 의미로 사용되어 왔다는 것이 밝혀졌기 때문에 이 사실은 잘못된 것이다.[16]) 그는 그 단어의 초기 의미를 단계적으로 설명하면서 "테러리즘은 무기가 없는 레지스탕스들이 사용한 절망에 찬 무기이다 … 테러는 그 당시 분위기에서 어떤 미치광이가 저지르는 행위가 아니다. 테러는 항변을 드러내는 것이며 분쟁을 드러내는 것으로 어떤 정치적인 문제를 제기한다. 폭탄을 고이는 사람들은 사실 문제들을 고이는 사람들이다"[17]라고 규정한다.

로젤린 코렌Roselyn Koren은 이스라엘과 팔레스타인 간의 대화 분석에서 덫에 걸린 단어들 몇 개를 제시했는데, 이 단어들은 오랫동안 상대방의 존재를 인정하는 모든 가능성 자체를 막는 데 기여했다. 예를 들어 코렌은 "이스라엘 측의 공식 문서에 의하면, "팔레스타인 사람들"은 존재하지도 않았을 것이다."[18] "사람 없는 땅을 지향하는 땅 없는 사람들"과 같은 문구는 아직까지도 일부 이스라엘 극단주의자들에 의해 사용되고 있는데, 이런 문구는 명백하게 그런 의견의 조작성을 깊이 드러낸다. 마찬가지로 이브라힘 수스Ibrahim Souss는 "팔레스타인 해방기구 지도자가 고백하기를, 현실 왜곡은 팔레스타인을 식민지 삼으려고 온 어느 화성인 인종을 몰아

---

15 Jean-Louis REMILLEUX, *Le Salaud lumineux*, Michel Lafon, Édition n° 1, Paris, 1990, p. 141.

16 *Dictionnaire historique de la langue française*, p. 2108, "Terreur" 항목 참조할 것.

17 Jean-Louis REMILLEUX, 앞의 책, p. 181 & 184.

18 Roselyn KOREN, "L'argumentaire de l'Un dans le regard de l'Autre, le jeu des dénominations", *Mots*, n 50, 1997 3월, p. 103.

내기에 충분할 것처럼"[19] 팔레스타인 사람들이 오랫동안 이스라엘을 가리켜 "시온주의 개체"라고 지칭했던 사실을 상기시킨다.

베르트랑 푸아로-델페슈Bertrand Poirot-Delpech는 어느 날 몇몇 단어들의 의미와 관련하여 긴 리스트로 된 "정오표"를《르 몽드Le Monde》신문에 제안했다. 그 단어들의 의미는 단어들과 관련된 현실을 이상한 방식으로 재배치한 것들이다. 예를 들자면 그 중에는 "노숙자들을 죽이는 것은 추위가 아니라 비참함이다. 오염시키는 것은 고기압권이 아니라 자동차이다"[20] 등등이 있다.

• 상상궤도 - 안드레아스 프뢴드는 저서에서 단어들이 정당화나 책임 면제 등에 긍정적인지, 부정적인지 아니면 중립적인지에 따라서 "상상 궤도"처럼 기능하는 단어들의 유형을 제안했다. 그 리스트는 "덫에 걸린 단어들" 정도의 길이이며, "덫에 걸린 단어들"이란 우리로 하여금 제시된 현실 속에서 그 단어들이 제시하는 모습들, 다시 말하면, 정상적인 모습으로 나타나지 않은 요소들의 일부만을 보도록 강요하는 것이다.

세계의 일부 진압 기동대들은, 근래에는 프랑스의 공화국 보안 기동대(CRS)[21]를 포함하여, "고무탄"을 사용한다. 사람들은 때때로 그 고무탄이 심각한 부상을 초래하고, 심지어 사람을 죽게도 한다는 것에 놀란다. 사실상 그것은 고무 표피로 둘러싸인 강철구들이다. 그런 재배치는 고무탄을 사용하는 것이 보기보다 실제로 얼마나 훨씬 더 폭력적인지 우리가 알지 못하게 한다. 그 단어는, 그 단어가 지칭하는 대로, 매우 명백한 사실을 감

19 위의 글, p. 103에서 Roselyn KOREN이 인용.
20 Bertrand POIROT-DELPECH, "정오표",《르 몽드Le Monde》, 1997년 1월 22일.
21 (옮긴이 주) 시위 진압과 시민 보호를 담당하는 프랑스 국립 경찰 조직.

추면서 부드러워진다. 수많은 보안 부대들이 사용하는 "행정 구금"도 마찬가지이다. 안드레아스 프룬드는 이 표현에 대해 사실상 "소송 절차 없이 구금하는 것이며 … 정의상 지시를 받아 규율을 따르는 "행정"이라는 단어에 그 준거적 기준을 숨기려고 시도하는 것"[22]이라고 상기시킨다. 걸프전은 이런 조작적인 재배치들이 많이 생산되던 시기였다.당시 사람들은 "일부 측면적 손해를 발생시키면서 표적을 파괴"했으나, 실제로 그들은 민간인 희생자들을 발생시키면서 포격한 것이다. 커뮤니케이션의 현대적인 제약 방식을 통해서 "위대한 벙어리"[23]로서의 본질을 유지하고자 하는 군대는 그런 어휘를 만들어 내는 위대한 생산자이다. 예를 들어, 전투기는 "미사일을 해방시킨다."[24] 미사일들이 그렇게 "해방되고" 난 이후에 어떻게 되는지는 아마도 우리와는 더 이상 관련이 없는 것이다…

다른 때에는 "유대인 문제"에 관한 "최종 해결책"을 알기도 했었다. 이 두 구문에서 뒤의 것은 이 "해결책", 즉 민족학살을 수행하는 사람들의 눈에 이 단어가 명백하게 가리키는 현실을 감춘다. 앞의 것은 유대인 출신의 독일인들(또는 폴란드인들, 프랑스인들 등)의 존재를 하나의 "문제"로 재배치시킨다. 어떤 경우에는 의미를 삭제하고, 다른 경우에는 그 의미를 덧붙인다. 현실에서 문제가 아닌 것이 그렇게 조종당한 사람들의 영혼 안에서는 문제가 되고, 간단한 "해결책"이라고 제시되는 것은 사실은 옹호할 수 없는 잔인한 행위인 것이다. 독일의 현실을 이렇게 재배치한 것이, 이

22 Andreas Freund, 앞의 책, p. 165.

23 (옮긴이 주) 프랑스 제3공화국 초기에 군대에 대한 공화주의자들의 불신으로 인해서 군복무 중인 시민들이나 장교들은 투표권을 갖지 못했다. 이런 사실로 인해서 군대는 "위대한 벙어리 grande muette"라는 별명을 갖게 되었다.

24 (옮긴이 주) 프랑스어 동사 'dévlirer(해방, 석방시키다)'는 미사일을 '투하하다(쏘다)'라는 의미로도 사용된다.

사실을 기억해 두자, 유럽과 다른 지역의 유대인 학살을 실행하는데, 무엇보다도 이것을 실현하는 데 독일 시민들의 대대적인 수락과 참여를 불러일으킨 결정적 요인이었다. 바로 이것이 장-마리 르 펜이 "가스실" 문제를 제2차 세계대전 역사의 '사소한' 부분이라고 언급하면서, 즉 '최종 해결책'을 거듭 사소한 것으로 최소화하면서 자신의 방식대로 계속 시도하는 재배치 수법이기도 하다(그와 동시에 르 펜은 외국인들 또는 그에 의하면 부당하게 귀화한 프랑스인들이 만들어 내는 "문제"의 심각함을 항상 강조한다).

1997년의 프랑스 총선거 운동에서 가장 중요하게 사용된 단어들 중 하나가, 대중을 조종하려는 바람에서 그런 "상상 궤도"에 의존한 적절한 사례 중 하나로 제시된다. 당시 우파 총리였던 알랭 쥐페는 1997년 4월 22일 여당의 의원 회의 연설에서 사회당의 프로그램을 "재범"이라고 정의했다. 총리에 의하면 사회주의자들이 정권을 잡았을 때 그들은 공공 적자를 상당히 증가시켰으므로 그들은 "재범"만을 열망한다는 것이다.

그 맥락에서 그런 단어를 사용하는 것이 조작이다. 실제로 우리의 상상력, 범죄에 관한 지식은 그런 단순한 핵심어에 현혹된다. 자동적으로 우리는 그 단어가 가리키는 사람들을 그 단어가 가리키는 의미에 연결한다. 사회주의자들? 깡패들이고, 공공 적자 양산자들이며, 국가를 위협하는 권총 강도들. 게다가 그 짓을 한 번 하는 것도 모자라서 다시 하려고 꿈꾸는 자들이라고. 재범자는 단순한 범인 이상이다. 그는 다시 시작하는 범인인 것이다. 한 번은 실수이지만, 두 번 하면 범죄이고 재범이다. 그 단어는 여기서 우리의 생각을 사회당의 프로그램에 대한 일반적인 평가와는 다른 길로 이끄는 — 이끌기를 원하는 — "상상 궤도" 역할을 한다. 사회당의 프로그램은 단번에 평가 절하된다. 그것을 동의하지 않거나 동의할 수 있는 어떤 정치적인 프로그램으로 생각하게 하는 것이 아니라, 국가 체제를 대상으로 다시 한번 무장 강도짓을 하려고 준비하는 깡패들의 활동으로 생각하게 한다.

• 현실의 순화 – "덫에 걸린 단어들"이라는 범주는 요즈음의 그 사용의 강도 면에서 상당한 관심을 갖게 한다. 그것은 안드레아스 프뢴드가 "책임을 면제해 주는 표현들"이라고 규정한 것이며, 사실상, 현실을 "순화"하는 조작이라고 규정할 수 있는 것이다. 예를 들어, 베트남전쟁은 "베트남 사람들의 비극"으로 정의되어 버린다. 자크 시라크Jacques Chirac 대통령이 1997년 4월 하원 해산을 알리며 텔레비전 담화에서 사용한 표현을 빌리자면, 실업은 흔히 정치담화에서 일종의 "자연 재해", 어떤 "재앙"으로 표현된다. 그 현상을 언급하기 위해 사용되는 표현들은 기상 형태를 기술한 것과 같다. 즉 실업은 일종의 아소르스 제도의 고기압권처럼 묘사된다. 왔다가는 것인데, 현재로서는 프랑스 위에 머무르며 고용 시장을 메마르게 하고 있는 것이다.

• 왜곡된 이미지 – 조작적인 재배치는 객관적이라거나 사실들을 "사실 그대로" 전하고자 한다는 구실로 현실을 결국은 왜곡된 이미지로 전하기도 한다. 《르 몽드》 신문의 중재위원인 토마 페렌치Thomas Ferenczi는 이 점에 관해서 중요한 문제를 제기했다. 그것은 정보라는 것이 정말 중요한 요소로서 포함해야 하는 것이 무엇인지 알고자 하는 것이다. 그가 제시한 예는 1996년 말에 어느 여성 경찰관이 파리 교외열차 RER에서 당한 폭행에 대해 그 신문이 보도하는 방식과 관련된 예이다. 《르 몽드》는 그 경관이 "다섯 명의 청년들"에게 폭행 피해를 당했다고 전했었다. 그러자 독자 몇

명이 "청년들이라는 것이 문제가 아니라 네 명의 마그렙[25] 청년과 한 명의 흑인 청년이라는 것이 문제"[26]라는 것을 전하지 않았다고 신문기자들을 비난했다.[26] 프랑스 미디어나 잡보 기사란에서 해당 인물들이 특히 "마그렙 출신"이거나 "흑인"인 경우에 그들의 출신 민족을 언급하는 것이 사실이다. 토마 페렌치는 이 사례에서 이런 식의 언급은 불필요하다고 주장한다. 왜냐하면 "이런 언급이 그 범죄 행위와 어떤 관련이 있는지 확실하지 않기"[27] 때문이다. 그는 자신의 주장을 강조하기 위해서 어느 스페인 기자에게 일어났던 비슷한 이야기를 하나 예로 제시했다. 신문기자는 은행에서 도둑질을 한 젊은 여성 넷의 "출신"을 언급하는 것을 거부하면서 "어떤 사건을 일으킨 주동자들의 인종적 특성이 그 사건을 이해하는 데 꼭 필요한 것이 아니라면 그것을 언급하지 않는다"[28]는 원칙을 상기시켰다. 그 네 여성들의 출신이 그렇다는 것이 가리키는 것은 오직 사람들이 그런 인구 범주가 전반적으로 도둑들로 구성되었다고 설득하고 싶어 하거나, 그렇게 생각하느냐 안 하느냐일 뿐이다.

이 사례에서 어떤 정보의 외적인 배치가 바로 조작성을 드러낼 수 있다는 것을, 다시 말하면 어떤 의견을 은밀하게 지지할 수 있다는 것을 알게 한다. "어떤 마그렙 출신의 젊은이가 은행을 공격했다"라고 말하거나 쓰는 것은 사실 그 청년이 마그렙 출신이기 때문에, 혹은 그의 행위는 이러저

25 (옮긴이 주) 알제리, 튀니지, 모로코 등의 북아프리카 지역. 프랑스의 아랍권 무슬림 이민자들 대부분이 이 지역 출신들이다. 파리에서는 마그렙 출신과 아프리카 출신의 이민자들은 파리 북부나 그 위쪽 교외지역에 많이 거주한다.

26 1996년 12월 29-30일자, 《르 몽드Le Monde》, "L'avis du médiateur" p. 9에서 Thomas FERENCZI가 인용한 독자들의 편지.

27 위의 글, p. 9.

28 위의 글.

러한 식으로 그가 마그렙 출신이라는 사실과 관련이 있다는 것을 암시할 수밖에 없다. 문제는 여기서 어떤 의견을 옹호하는 것에 있는 것이 아니라 (그런 문제의 지위에 대해서도 생각해 봐야 할 것이다) 어떤 의견을 정보로 만든다는 데 있다. 바로 여기에 조작적 행위가 있는 것이다. 일반적으로 사람들은 조작 행위가 스스로의 의견적인 지위를 숨긴다는 것을, 즉, 합법적 관점에서 사실로 정립시키려고 시도한다는 것을 인정할 것이다. 시사뉴스는 보통 신문 사진에서 덥수룩한 수염을 부각시킨다. 그런 수염은 사진 속의 변두리 청년들이 습관적으로 기르는 것이 아닌데도, 이슬람교의 확산을 보여주려는 분명한 의도로 그리하는 것이다. 반대로 아마도 대의명분을 옹호하기 위해서였겠지만, 프랑스 2 방송의 어느 기자가 조작해서 (그 사건과 관련 없이) 자기 집에서 상영었던 어느 필름에서 경찰관에게 맞아 쓰러진 한 청년이 쥐고 있던 병처럼 일부 물건들이 사라지는 경우도 있다.[29] 어느 경우에는 "선의"로 그랬고, 다른 경우에 "비난할 의도"로 그랬건 간에, 그 어느 것도 조작 행위의 본질을 바꾸지 못한다.

강제적인 배치

강제적인 배치는 설득할 목적을 지닌 메시지에 개입하는 가장 조작적인 형태들 중 하나이다. 이것은 타자를 속이려는 어떤 전략과 실제로 관련된다. 이때 타자는, 이 전략이 즉각적인 것은 아니나 순식간에 작용하기 때문에, 조작자가 하는 것에 대한, 조작자 측으로부터의 어떤 명확한 의식을 불러일으킨다.

29 1996년 2월 18-19일자 《르 몽드》 또는 1996년 2월 20일자 《리베라시옹》 Marie-Dominique ARRIGHI의 기사를 볼 것.

기술적으로 이런 형태의 배치는 청자로부터 어떤 의견에 관해 동의를 얻거나, 받아들이기에 아무런 문제가 없는 어떤 행동을 채택하도록 한다. 그런데 그런 의견이나 행동을 받아들인다는 것은 (사실 조작자에게 중요한) 두 번째 의견을 받아들이게 할 효과적인 받침점 구실을 할 것이다. 이렇게 보잘것없는 첫 번째 승낙은 거의 자동적으로 그러나 사실상, 그 밑에 감춰진 극도로 강력한 폭력에 의해서 두 번째로 이끌 것이다. 이 두 번째가 훨씬 더 끌어들이는 힘이 강하기 때문이다.

줄Joule과 보부아Beauvois는 이런 기술과 그 기술의 다양한 변이들을 분석하기 위해서 조작에 관한 그들의 연구에 중요 부분을 할애했다. 그들의 연구를 읽어 보면 매우 당혹스럽다. 저자들은 "우리 주위를 둘러보면 … 사회적 실존 안에서 … 가까운 사람들과의 친밀한 관계 안에서 … 경제 환경에서, 정치 환경에서, 직접적인 권력 관계 속에서 조작이 무수히 실행되고 있다는 것을 금방 깨닫게 된다"[30]고 주장한다. 다양한 조작기술들을 소개한 후, 이 저자들은 "그것은 단연코 문간에 발 넣기, 즉 조작자들로부터 사랑받는 아이이다. 그것은 본능적으로 의식에 도달해서 법으로 정당성을 부여받는다"고 강조한다. 이게 무슨 말인가?[31]

"문간에 발 넣기"란 줄과 보부아가 만든 표현으로 우리가 여기서 강제적인 배치라고 부르는 표현이다. 이것은 하나의 "행동 기술"로서, 다른 이익을 예비하는 것 말고는 조작자에게 이익될 것이 없는 어떤 행동이나 어떤 결정을 우선적으로 얻기 위해 고안된 "우회적 수단"을 조작자가 실행하는 것을 의미한다. 또한 이런 조작은 심사숙고한 후에만 가능한 것

---

30 Robert-Vincent JOULE과 Jean-Léon BEAUVOIS, 앞의 책, p. 168.

31 위의 책, p. 170.

이다.[32] 따라서 개인이 첫 번째 결정에 의해 함정에 빠지는 상황을 만들어 낸다.

줄과 보부아는 특히 일상적인 행동 과정을 예로 제시한다. 한 아버지가 아들에게 친구들과 노는 것을 잠시 멈추고 두 걸음 거리에 있는 담배 가게에 담배를 사러 가 달라고 요구한다. 아이가 승낙하자 아버지는 그때 앞서 말한 담배 가게는 문을 닫았으니, 근처 읍내로 가야 한다는 사실을 알린다. (이 예는 시골에서 일어나는 일이다) 이것은 분명히 아들로서는 많은 시간이 드는 일이고, 오후 한나절을 낭비하게 할 것이다. 아버지가 아들에게 곧바로 근처 읍내로 가라고 요구했다면, 아마 아들의 동의를 얻지 못했을 것이다. 그러므로 아버지는 "약간의 수고"만 하면 되는 첫 번째 행동에 대한 동의를 얻음으로써 조작적인 우회수단을 만든 것이다. 첫 번째와 두 번째 행동 사이에 존재하는 연결고리에 조작 의도가 있다. 이 연결점은 조작당하는 사람이 왜 그런지 이유는 잘 모르겠지만 혼동스럽고 마뜩찮게 느끼면서도 두 번째 명령에 복종해야 할 것 같은 강제성을 실제로 느끼도록 만든다.

• 실험된 조작 – 줄과 보부아는 사회 심리학자로서 이 문제에 천착한다. 그들은 저서에서 완전히 만들어진 조작 상황에서의 개인들의 행동을 통계적으로 측정해 보는 수많은 과학적 형태의 실험에 대해 이야기한다. 저자들은 1966년부터 "문간에 발 넣기" 전략과 관련된 이런 타입의 실험들을 해오고 있다. 그 첫 번째 실험은 캘리포니아의 팰로 앨토Palo Alto에서 J. L. 프리드먼Freedman과 S. C. 프레이저Fraser라는 두 명의 미국인이 꾸민 것으로, 이 실험은 주부들의 소비 습관을 조사한다는 구실로 주부들에게 5-6

32 위의 책, p. 45.

명의 남자들로 구성된 조사팀을 집으로 들이도록 요구하는 것이었다. 이 조사팀은 매우 자유롭게 집 안을 돌아다니며 거기에 있는 물건들의 목록을 작성하고, 게다가 두 시간 반 동안 설문조사를 진행해야 했다. 따라서 그것은 상당히 부담스러운 요구였다.

이런 형태의 시험들은 모두 동일하게 구성되었다. 첫 번째 그룹의 사람들에게는 직접 설득을 시도하고, 두 번째 그룹에게는 조작 방법을 사용하여 설득을 시도하는 것이다. 이 경우에는 처음에는 몇 가지만 질문하는 가벼운 전화 통화를 한 후에, 처음에 그런 식으로 접촉한 사람들에게 3일 후에 다시 전화해서(그러나 그들은 자신들에게 다시 전화가 올 것이라는 것을 알지 못했다) 진짜 요구를 하는 것이다. 실험자들을 그렇게 두 그룹을 대상으로 요구를 수락하는 비율을 비교했다. 직접적으로 요구하는 경우에는 성공률이 극히 적었으나, 그런 조작방식을 사용한 요구들은 훨씬 더 많은 "동의"를 얻어 냈다.

이 현상을 모든 각도에서 분석하기 위해서 매우 많은 실험들이 진행되었다. 그 실험들은 모두 조작의 확실한 행동적 효율성을 보여 주었다. 분명히 그 사회심리학자들이 조성한 실험적 상황을 통해서, 강제적 배치를 작동시키는 그 "행동적 기술들"이 일상생활에서 매우 많다는 것을 이 관찰이 보여준다. 예를 들어, 미국에서 이런 기술들이 자동차 판매에서 오랫동안 체계적으로 사용되어 왔다는 것을 알 수 있다. 프랑스에서는 그런 방법들이 상업적으로 변형되어 자주 사용된다. 그 변형의 체계가 결과적으로는 스스로에게 손해를 끼치더라도 말이다. 그 상업적으로 변형된 방법이란 여행사가 비행기 표를 매우 싼 값에 내놓는 것이다. 그러나 그 가격은 일반적으로 극히 제한적인 "일부 날짜"에만 유효하다는 사실을 감춘다.

고지된 그 가격에 현혹된 많은 사람들은 여행사에 연락할 것이고 같은 여행을… 정상 가격으로 하게 될 것이다.

강제적인 배치는 다음의 예처럼 수많은 다른 변이형들을 가지고 있다. 어떤 행동 A를 얻기 원하면 훨씬 더 부담스러운 —이 경우를 위해 완전히 만들어진— 행동 B를 간청한다. 예측 가능한 거절 후에, 그 행동 A는 새로운 각도로 갑자기 훨씬 더 받아들일 만한 것처럼 보인다. 따라서 친구나 지인에게 예를 들어 십만 프랑을 빌려 달라고 부탁하고 난처한 거절 후에 삼천 프랑을 요구하는 것으로 그친다. 이 실험은 이런 기술적인 형태가 목적을 성취하도록 해 준다는 것을 보여 준다. 우정을 유지하기는 힘들겠지만…

인지적인 혼합

두 번째 주요 기술은 인지적인 혼합이다. 이것은 의견을 받아들이도록 하는 것인데, 이 의견을 외부의 요소와, 그 내용에 관한 토론 없이, 혼합한 메시지를 구성함으로써 가능해진다. 이때 그 외부 요소는, 그 의견과 직접적인 관련은 없지만, 청중이 이미 받아들인 것으로 인정되는 요소이다. 이처럼 나중에 그 사실을 확인해 볼, 그 외부 요소의 수용 가능성을 그 의견 자체로 전환시킨다. 이미 앞에서 살펴본 정서적인 혼합과 인지적인 혼합의 차이는, 한 경우는 정서적인 요소, 감정, 이미지로 근거 없이 조합하는 것이고, 반면에 다른 경우는 근거 없기는 마찬가지인 인과관계를 제안하는 것이다. 그럼 지금부터 근거 없는 인과관계에 대해 살펴보자.

설득 수단들

인지적인 혼합은 오래전부터 사용되어 왔다. 그것은 용어들을 인위적으로 연결하고, 그 용어들을 조합하기에 통사적인 제약이 전혀 없는 언어 자원들을 사용하는 것이다. 광고는 적어도 1920년대부터 메시지에 외적 요소를 더해 키움으로써 메시지의 단순한 정보적 특성을 근본적으로 바꿔 버리는 이런 방법을 사용해 왔다. 이 방법에 대해 세르주 차코틴은 다음과 같이 말한다. "단어 하나가 우리의 정신에 어떤 이미지를 전하기 시작하면, 그 단어는 그것을 시작한 사람이 원하는 방향으로 행동을 개시한다. 교활한 광고주나 선전가들은 이 방법을 잘 알고 있다. 그들이 분별 있게 사용하는 단어들은 우리가 그 단어들에 이끌려 말하는 대답뿐만 아니라, 그 단어들이 관련되어 있는 어떤 목적에 유용한 대답을 하도록 만드는 도구들이다. 따라서 상업 광고의 효과는 원하는 방향으로의 행동을 개시하도록 만드는 장치인 단어와 상징에 달려 있다."[33] 차코틴이 인용하는 또 다른 저자, 클라이드 밀러Clyde Miller는 "우리의 정신 구조를 가득 차게 하는 … 우리의 의식 속에서 불붙거나 꺼질 수 있는 … 모델들 안에서 시작 동기 역할을 하는 단어들, 상징들, 행동들을" 찾고자 하는 이 현상을 분석한다.

클라이드 밀러는 크게 네 가지 종류로 구분했다. "미덕의 수단들virtue device"은 사람들, 상품들, 생각들을, 예를 들어 "민주주의", "자유", "정의", "조국"처럼 "선"을 나타내는 단어들이나 상징들과 조합함으로써 그것들을 수용하게 한다. "해악의 수단들poison device"은 예를 들어 "전쟁", "죽음", "파시즘", "부도덕" 등과 같은 공포나 반감을 불러일으키는 "나쁜" 단어들, 상징들, 행위들과 조합하도록 한다. "권위적 수단들" 또는 "증

33 Serge TCHAKHOTINE, 앞의 책, p. 104.

거적 수단들testimonial device"은 경험, 지식, 권위의 소리를 사용하는 것으로 잘 알려진 사람들이나 기관들의 의견이나 증언에 의존한다. 이 수단들은 루스벨트, 레닌, 과학, 신 등의 단어들처럼 "공포스러운 예들"이나, 반대로 "칭송받을 만한 예들"을 활용할 수 있다. "공동화 수단들together device"은 감정이나 집단행동들을 압박하거나 연대를 활용할 수 있다. 이 수단은 무엇보다도 많은 사람들을 모으는 데 사용된다. 밀러가 제시한 예로는 "기독교도", "연합은 힘을 만든다", "무엇보다도 독일"과 같은 단어들이 있다.

차코틴은 "해악의 단어들과 미덕의 단어들은 그 반사작용을 불러일으켜 자동적으로 거부하거나 수용하도록 우리를 억압하려고 한다. 그 단어들의 두드러진 특성은 재빨리 작용하는 것이다"[34]라고 말한다. 이처럼—인지적 혼합일 수도 있고 정서적 혼합일 수도 있는—혼합 안에서 반응의 자동성과 반복의 필요성 사이에 흥미를 끄는 어떤 변증법이 완성된다. 실제로 조작 과정으로서 일어나는 혼합은 매우 눈길을 끄는 요소들을 포함해야 하기 때문에, 그 단어들은 거의 즉각적으로 작동한다. 그러나 조건반사 형태를 띤 그 즉각적인 작용은 그 당시에 지속하지 않고, 의식에서 점점 사라질 위험이 있다. 이 때문에 처음의 반사를 규칙적으로 재실행하는 반복이 필요한 것이다.

이 단어들을 가까이에서 분석해 보면, 이 "수단들"이 파블로프 스타일의 조건반사 형태로 작동하며, 그 단어들이 그런 조건반사의 모든 특성을 가지고 있다는 것을 알게 된다. 알려진 대로, 파블로프의 반사 조건화가 근거 없는 조합들에 의존하지만, 그 조합들이 반복되면 결국 반응의 자동성

34 위의 책, pp. 105-106.

과 한 항에서 다른 항으로의 감각 전이가 일어나게 된다. 따라서 라조니 감초 사탕의 사례에서 보듯이, 상품의 모습이 성적인 자극과 반복 조합되면서 상품에 결국 그런 인위적인 암시적 의미가 스며들게 된다. 결과적으로는 어느 정도의 시기에 이르면, 더 이상 그 모델을 볼 필요가 없다. 그 작은 감초 사탕 상자를 보는 것만으로도 낯선 쾌락의 감정이 일어나게 되고, 거기에 더해 성적인 어떤 매력으로 모습을 드러낼 수 있을 만한 것이 시작되게 한다. 일부 심리분석가들은 이 경우를 "페티시즘"이라고 말할 수 있을 것이다.

성공한 조작은 처음에 조합된 두 항목을 잊어버리게 한다. 그때부터는 그 기원을 알 수가 없는 암시적 의미들로 확장된 상품만을 보이게 하기 위해서이다. 성공한 광고는 광고가 끝난 직후에 그 효과를 발생시킨다. 선전 행위도 마찬가지이다.

올리비에로 토스카니가 1991년부터 발표한 유나이티드 컬러스 오브 베네통United Colors of Benetton 회사 광고 캠페인들은 제시된 일부 이미지들의 충격적인 특성과 관련하여 수많은 논란을 불러일으켰다(예를 들어, "HIV"라는 스탬프가 찍힌 사람 엉덩이들). 이 이탈리아 광고 작가는 실제로 전통적인 광고는 "실현되지 않을 거짓말이므로 사람들을 불행하게 만든다"고 생각한다. 토스카니는 상품과는 관련 없는 이미지들을 제안하는데, 그 이미지들은 한 회사가 가지고 있는 세계관을 표현해 주는 강력한 어떤 감정을 유발시키는 기능을 한다. 이 광고들에서는 대상 독자가 그렇게 홍보된 상품을 기억하리라는 희망에서, 관련이 없으면서도 가능한 한 가장 충격스러운 조합의 유형을 추구한다는 것이 분명하게 드러난다.

남성적인 담배

자동성과 반복을 동시에 사용하는 그런 조건반사는 말보로 담배 광고의 경우에 분명하게 드러난다. 밴스 패커드는 1958년에 이 사실을 분석했다. 당시 말보로 담배에 필터가 사용되면서 이것은 "여성들이 피우는" 담배로 생산되었다. 그런데 흡연 남성이 흡연 여성보다 훨씬 더 수가 많았기 때문에 말보로는 이 담배를 팔기 위해 시장을 확장하려고 애썼다. 패커드는 "회사의 경영진들은 가능한 한 여성 고객층을 그대로 확보한 상태에서 남성 고객층을 찾기로 결정했다 … 말보로 회사는 광고에 거친 일(선원들, 카우보이들)을 하고 있는 사내다운 모습의 남성들을 광고에 등장시켰고, 광고 문구에는 "남성적인 취향"이라고 기재했다"[35]라고 지적한다. 여기서 제시된 메시지가 이중으로 작용하는 것을 볼 수 있다. 한편으로는, 인위적으로 담배를 "남성다운 무언가"와 조합시킴으로써 대상 독자의 마음속에서 어떤 남성다움의 지표를 찾으러 가게 할 것이고, 다른 한편으로는 그 남성다움의 지표를 "거칠고 투박한" 행위들이나 직업에 대한 묘사로부터 구축하게 할 것이다. 이 광고에 등장하는 모델들은 문신(그 당시에는 불량배라는 것을 분명히 드러내는 표시)을 잘 보이도록 새기고 있었다. 동기 부여 연구 전문가인 피에르 마르티노Pierre Martineau는 "특출한 남성다움이 드러나는 사람들과 상징적인 문신들은 이 담배를 흡연 행위의 어떤 의미작용들, 남성다움과 성인, 남성적 기운, 활기의 중심에 위치시킨다"라고 밝혔다.[36]

여기서는 한편으로는 남성다움과 씩씩함, 다른 한편으로는 그 구조, 구

35 Vance PACKARD, 앞의 책, p. 95.
36 위의 책, p. 95.

성이나 말보로 담배에 대한 취향들이 서로 아무런 관계가 없다는 것을 상기할 필요가 있다. 그 회사가 제품을 여성 대상으로 개발하기로 결정했었다면, 여성성이 잘 드러나도록 이 담배 필터에 여성들의 립스틱 자국을 묻혀서 "여성스러운 여성들"을 보여 줄 메시지들을 구상할 수 있었을 것이다. 물질적으로는 같은 담배지만 메시지는 완전히 달랐을 것이다.

1940년대 말에 시작한 말보로 광고는 현재도 — 적어도 담배 광고를 허용하는 나라에서, 즉 거의 대부분의 나라에서 계속되고 있다. 그 거친 카우보이는 그 시대의 폭리에 잘 살아남아 자연을 동경하는 새로운 취향에 제대로 적응했다. 야생의 대자연 속에서 장작불 앞에 있는 은둔자는 새로운 경향들을 제대로 구체화한다. 그러나 그가 피우고 있는 담배는 여전히 그런 이미지와 거의 관계가 없다. 그런 이미지를 구성하고 있는 담배 그 자체는 "남성적"인 것을 아무것도 가지고 있지 않다. 하지만 40년 가까이 되면서 이것저것을 조합한 그 메시지는 수천 번 반복되어 왔다. 종소리를 듣고 침을 흘리는 파블로프의 개처럼, 우리는 오늘날 "남성적인" 담배라고 확신한다.

모든 광고 메시지들이 혼합 기술을 사용하는 것은 아니다. 혼합 기술이라 함은 제시된 상품과 그 상품에 연결된 이미지 사이에 관계 없음을 전제로 한다는 것을 기억해 두자. 예를 들어, 밴스 패커드의 말을 빌리자면, "아이디어가 고기보다는 번쩍거림을 팔고자" 할 때 우리가 아직은 혼합에 의존하지 않는 상품 연출 단계에 있는 것이다. 그러나 광고 메시지를 전반적으로 결산해 보면, 대부분의 메시지들이 상품과의 관계가 가장 약한 이미지들을 제시한다는 사실을 깨닫게 될 것이다. 실제로 대부분 우리가 광고에 제안하는 이미지의 세계는 상품의 실제와 상당한 거리가 있다.

외국인 혐오 혼합

인지적 혼합을 사용하는 조작은 극우에 의해서 사용되었고 현재까지도 폭넓게 사용되고 있다. 19세기 이후로 "현대적인" 인종주의 이론들이 탄생하면서부터 이런 사고의 흐름을 가진 선전은 그 단단한 중심을 자국 국토에 외국인들이 들어와 살고 있다는 사실과 대부분의 큰 당대 사회문제들을 혼합해서 구성한다. 이런 혼합은 현대 문화에서 매우 중심적 위치를 차지하고 있고, 매우 깊이 뿌리를 내렸기 때문에, 민주적인 의식 안에서도 흔하게 지배적인 위치를 차지하고 있다.

다니엘 요나 골드하겐은 19세기와 20세기 초 독일에서 발생한 "현대적인" 반유대주의의 형성에 관한 연구서 1장에서 모든 선전 노력이 "유대인들과 사회적 기능 장애 사이의 일치 관계"를 강박적으로 반복하는 데 집중했다는 것을 알려 준다. 골드하겐은 유대인에 대한 이런 생각은 "너무도 핵심적이고 강력해서 반유대주의자들의 눈에는 사회 구성에서부터 정치적 동향까지, 그리고 경제적 어려움들까지 사회에서 제대로 되고 있지 않은 모든 것이 유대인들과 연관되어 있었다. 그들이 그런 것들의 직접적인 원인이 아닌데도 말이다"[37]라고 덧붙인다.

오늘날 이런 혼합은 유럽과 프랑스 극우주의자들이 행하는 선전의 중심에 있고, 그 출신 세력을 넘어 정치계로 영향력을 점점 확장하고 있다. 프랑스 사회당 지도자인 리오넬 조스팽Lionel Jospin조차도 (외국인들과 프랑스 사회의 문제들 사이에 존재한다는) 이런 "방정식"이란 것을 믿지는 않지만, 프랑스 여론의 중대한 부분을 차지하고 있는 만큼 사회주의자들이 정치 활동에서 이 문제를 고려해야 한다고 텔레비전에서 말할 정도였

37 Daniel Jonah GOLDHAGEN, 앞의 책, p. 67.

다! 조스팽은 프랑스 우파의 "이민 정책"을 비판할 때, 어느 정도는 신중을 기해야 한다고 이런 식으로 정당화했다.

이런 혼합은 국민전선Front national이 하는 선전 활동의 중심축을 이루며, 경우마다 가장 다양한 형태로 재확인된다. 그들은 때로는 "이민자들"을 표적으로 삼고, 때로는 "이민"을, 때로는 "아랍인들"을, 때로는 "유대인들"을, 가끔 "미국인들" 그리고 언제나 "외국인들"을 표적으로 삼는다. 그런 메시지의 구조는 언제나 같으며 끔찍할 정도로 단순하다. 처음에는 여론이나 여론의 일부가 특히 민감하게 반응하는 어떤 문제를 밝히려고 한다. 범죄, 실업, 저임금, 사업장 폐쇄, 정치적 무기력, 가치들의 변화, 전염병, 질병 등등의 문제들이다. 그다음에는 이 문제를 "서류상의 프랑스인"으로 재단장함으로써 자격을 얻은, "부당하게 귀화한 프랑스인"의 존재나 외국인들의 존재와 합친 어떤 메시지를 만들어 낸다. 정치적인 무기력(이 경우에는, 자크 시라크 프랑스 대통령에게 제기된 무기력 문제)이 이렇게 1997년 초의 "유대인 압력단체들"의 행동과 관련되어 있다는 것이다.

극우 언론은 이런 식의 혼합을 가장 예기치 못한 형태들을 포함하여 모든 형태로 공고히 한다. 예를 들어, 1997년 봄 소아성애증 문제로 대중이 한창 민감할 무렵에 《현재Présent》라는 일간지가 1면에 이런 정보를 발표했다. 그 정보적 추락은 문제되고 있는 혼합이 그 한계에서도 작동 가능하다는 것을 잘 보여 준다. "프랑스에서 가장 중요한 문제인, 심각한 소아성애증 사건이 수요일에 터졌다 … 조사관들은 거의 5천 개에 달하는 포르노 테이프를 수거했고, 그중 10%는 소아성애증 성향을 보이는 것이었다. 이 테이프들은 400에서 600프랑 사이에 거래된다. 이 테이프에 등장하는 불행한 주인공들은 소년과 소녀들이고, 모두 6살에서 청소년에 이르는 백인들이다."[38] 질문: 피해자들이 "백인"들이라면, 범죄자들의 피부 색깔은 무엇이란 말인가? 그렇지만 이 신문만이 이 "정보"를 공개했다는 것을 기억하자.

커뮤니케이션 혹은 조작

혼합은 다른 분야에서도 자주 사용된다. 혼합이 때때로 그 분야의 제작 지표가 될 정도이다. 그것은 커뮤니케이션 분야로, 특히 어떤 기업이나 도시, 지역의 이미지를 철저하게 구축하는 일을 담당하는 커뮤니케이션 분야가 이에 해당한다. 어느 정도 직업윤리를 갖춘 양심적인 전문가들이 선전하는 "상품"과 구축된 이미지 사이에는, 아주 작은 관계가 있을 뿐이라고 주장하는 일이 자주 있는 것이 사실이다. 그러나 의뢰자의 요구가 강한 경우가 잦기 때문에 현상의 실제와 그 이미지 사이에 존재하는 격차를 따져 보면, 그 커뮤니케이션은 진짜 조작으로 변질된다.

---

38 *Présent*, 3795호, 1997년 3월 14일.

6 총괄조작의 한 사례

지금까지 앞의 두 장에서 11가지의 조작 행위들을 다양한 범주로 나누어 각기 고찰했다. 다음은 일반적으로 사용되는 방법들을 표로 요약한 것이다.

	정서조작		인지조작	
	감정에 호소	융합적 효과 추구	조작적 배치	근거 없는 인과관계
사람에 의한 유혹	*			
문체에 의한 유혹	*			
메시지의 미화	*			
공포 활용	*			
메시지 반복		*		
최면 상태와 동기화		*		
촉각 활용		*		
거짓 배치			*	
기만적인 재배치			*	
강압적인 배치			*	
혼합	*			*

이런 다양한 기법들을 구분하여 제시했지만, 하나의 조작 행위가 이런 서로 다른 요소들을 결합하지 않는 사례는 드물다. 그런 결합의 예로서 여기에 어느 극우 지도자가 텔레비전에서 했던—그리고 시청자를 대상으로 부분적으로 성공한—조작 하나를 제시하겠다. 그 상황은 1995년 2월 26일 일요일에 프랑스 민영 종합 채널 TF1이 "7/7"이라는 프로그램에서 장-마리 르 펜과 진행한 어느 비중 있는 대담과 관련된다.[1] 여기서 직접적으로 암시되는 상황은 벽보를 붙이던 국민전선 당원 두 사람이 코모로 출신의 청년을 등뒤에서 공격하여 사망케 한 사건으로 프랑스 전역에서 논란을 불러일으킨 사건이다. (프로그램의 당시 사회자인 안 생클레르Anne Sinclair가 장-마리 르 펜을 상대하는 것을 거부했기 때문에) 참석한 기자 둘 중에 제라르 카레이루Gérard Carreyrou가 이 문제에 대해 르 펜에게 질문했다.

이런 대담에서는 발화된 말들을 정확하게 해독할 수 있는 것이 중요하다. 그 말들이 글로 쓰인 텍스트처럼 시청자가 다시 뒤로 돌아갈 가능성이 없는 상태에서 시청자에게 영향을 미치기 때문에 더욱 그러하다. 여기에는 그런 말의 힘이 있다. 왜냐하면 그런 상황에서는 발화된 것을 받아들이거나 거부하도록 이끄는 이유들을 스스로 생각하기 어렵기 때문이다. 즉각적인 해독을 방해하는 것이 바로, 우리가 앞에서 살펴본 조작인 것이다. 그러므로 사용된 방법들을 제대로 이해하려면 방송 대본을 다시 써 볼 필요가 있다. 여기에 그 대본을 다시 발췌하여 제시하고, 앞의 표에 나와 있

1 이 사례는 여러 다른 논증 문제 전문가 동료들, 특히 장 무숑Jean Mouchon, 울리 빈디흐Uli Windisch, 질 고티에Gilles Gauthier, 재키 시모냉Jakcy Simonin, 시몬 보나푸스Simone Bonnafous와 함께한 심도 깊은 토론들의 대상이 되었다.

는 요소들로 분석할 것이다.

조작으로 가득 찬 어느 토론 텍스트

1. – J.-M. 르 펜: 저는 우선 제가 심히 애도하는, 한 청년을 죽게 한 이 심각한 사고들이 일어난 정황들에 대해서는, 이 일이 사법부의 손으로 넘어갔으니, 예단하지 않기를 바랍니다. 제가 이 일에 얼마나 슬프고 유감스러운지, 그리고 그 청년의 가족이 느끼는 고통과 슬픔을 얼마나 함께하는지 말함으로써 제 의견을 즉시 알려드리기도 했습니다. 하지만 그 청년을 희생자로 생각한다고 덧붙이기도 했습니다. 이 일에 말려든 그 사람들과 마찬가지로요. 그들은 그 슬럼가를 지배하는 환경에 희생된 자들입니다. 슬럼가는 공포와 불안, 번민을 발생시키고, 때로는 자기 방어적 행위들을 만들어 냅니다. 따라서 저는 사람들이 특히 살인으로 규정 짓지 말기를 바랍니다. 살인이라는 것은 프랑스 형법상의 매우 특별한 용어이지요.
2. – G. 카레이루: … 사건들에 대해 언급할 때, 대표님께서 일어난 일과 관련되어 있다고 생각지 않으십니까?
3. – J.-M. 르 펜: 사회자분, 저는 "사고"라고 말했어요.
4. – G. 카레이루: 네, 사고.
5. – J.-M. 르 펜: 잘못 이해하셨군요. 신기하네요. 사회자분은 언제나 제대로 이해를 못하는군요. 저는 "사고"라고 말해도, 당신은 "사건"으로 이해하다니 놀랍습니다.
6. – J.-M. 르 펜 : … 저는 여기서 원하신다면 90건의 폭력 사건 리스트를 제시할 수도 있습니다. 거기서 8명이 죽었지만 아무도 그 사건들에 대해서는 얘기하지 않습니다. 몇 사람들은 몇 달 전부터 혼수상태에 빠져 있어요. 팔다리가 절단된 사람들에 대해서도 아무도 말하지 않아요. 그렇지만 어떤 관계적 유형에 대해서는 그런 미디어적 결집이 통하지 않는 것 같습니다. 특히 유색인종이 관계되거나, 특히 이민자와 **국민전선** 사람들이 관계될 때는 더욱더요. 저는 인정하고 싶지 않습니다 …
7. – G. 카레이루: (국민전선 당원들에 대해 말하면서) 마르세유에 있던 그 사람들은 희생자인가요, 가해자인가요?
8. – J.-M. 르 펜: 쌍방이 희생자라고 생각합니다. 자기방어를 하다 일어난 비극입니다. 그들이 무기를 소지한 것은 잘못이지만, 그들은 한밤중에 북쪽 구역에 있었어요. 그들의 동네였어요. 다시 한 번 말하는데, 벽보를 붙이던 사람들의 동네예요. 거기는 이민 현상과 관련된 매우 심각한 긴장이 존재하는 지역이란 걸 사람들은 잘 알아요. 저는 여기서 정의의 수호자 역할을 하는 사람들,

항의 시위의 선두에 서는 사람들, 20년 동안 우리나라에 천 명의 이민자들을 끌어들인 정치 책임자들을 규탄하고 싶습니다.

9. – G. 카레이루: 곧 그 문제에 대해서 토론을 할 겁니다. 이민, 이 주제에 매우 전념하시는군요.

10. – J.-M. 르 펜: 그 일 자체에 대해서는, 감정이 있는 사람이라면 한 청년의 죽음에 슬픔을 느끼지 않을 사람이 없고, 청년의 부모들이 느끼는 고통을 함께하지 않을 사람은 없습니다. 이것은 하나의 사실입니다. 방금 전에 하신 질문에 대해서는, **국민전선**이라는 이름이 폭력과 연결되는 사실에 대해 어떻게 생각하십니까? 저는 이렇게 대답하죠. "**국민전선**이 가하는 폭력보다 **국민전선**에게 가해진 폭력이 훨씬 더 많습니다."

1번 분석

> 저는 우선 제가 심히 애도하는, 한 청년을 죽게 한 이 심각한 사고들이 일어난 정황들에 대해서는, 이 일이 사법부의 손으로 넘어갔으니, 예단하지 않기를 바랍니다.

이 문장은 기만적인 재배치가 만들어 낸 내부적 모순을 숨기고 있다. 이 경우에는 사고라는 표현이 그러하다. 우리가 살인을 마주하고 있는데도 말이다. 화자는 예단하지 말라고 요구한다. 이것은 토론상 적절하다고 여겨질 수 있지만, 이 사람은 사고라는 표현을 사용하며 규정하고 있다. 이 표현은 중립적인 표현이 아니며 화자도 예단을 하고 있는 것이다.

여기서 사용된 기술은 스스로에게는 강요하지 않는 어떤 행동을 타자에게 요구하고 있는 것이다. 기자는 기자의 질문에서 예단해서는 안 되는 것이다. 반면에 화자 자신은 스스로에게 그것을 허용하면서도 말이다. 이 구문에서 이런 모순은, 토론에 폭력이 끼어 있을 때 제외하고, 모든 토론에 내재하는 평등 규칙과 대칭 규칙에 위반된다는 것을 확인할 수 있다. 바로 이 경우가 그런 경우이다. 이 지도자는 자신은 재배치를 하면서도 다른 사람들이 다르게 재배치하는 것을 막고 있다. 여기서 공포 활용과 권위 활용

기법이 기만적인 재배치와 결합한다.

> 제가 심히 애도하는, 한 청년을 죽게 한 … 제가 이 일에 얼마나 슬프고 유감스러운지, 그리고 그 청년의 가족이 느끼는 고통과 슬픔을 얼마나 함께하는지 말함으로써 제 의견을 즉시 알려드리기도 했습니다.

이 부분에서 공적 공간에서 발화된 이 말의 진실성을 판단하기 어렵다. 다른 사례들에서 국민전선의 일부 지도자들이 외국인들에 대해 개인적으로 한 발언들에 휴머니즘적인 특성이 거의 없다는 것을 알기 때문이다. 공공연하게 어떤 사람의 죽음을 즐거워하는 것은 사실상 불가능하다. 이 말이 진실하지 않다면(이것은 가정에 불과하다), 우리는 대중 선동적인 유혹 안에 있는 것이다. 그 안에서 화자는 자기가 옹호하는 의견을 나누지 않은 채, 일부 대중 쪽으로 움직이는 것이다. 그럼으로써 자신의 인격에 관한 호의를 이끌어 내기 위해서이다.

> 하지만 그 청년을 희생자로 생각한다고 덧붙이기도 했습니다. 이 일에 말려든 그 사람들과 마찬가지로요. 그들은 그 슬럼가를 지배하는 환경에 희생된 자들입니다. 슬럼가는 공포와 불안, 번민을 발생시키고, 때로는 자기 방어적 행위들을 만들어 냅니다.

조작적인 배치가 능숙하게 일어난다. 희생자는 바로 한 명인데, "희생자들"이라고 범위를 확장함으로써 "이 일에 말려든 그 사람들"을 포함하게 한다. 이 부분에서 강압적인 배치가 일어난다. 왜냐하면 이 일에 말려든 그 사람들이라고 환기하는 것은 그것의 결과를 감추자고 제안하는 것이다. 그 결과란 젊은이를 죽인 그들을 이 범주 안에 받아들이는 것이다. 결과적으로 모든 사람들이 희생자라고 말하는 것은 희생자와 살인자를 평등의 발 위에 배치하는 것이다. 희생자들이 있으므로 이제는 죄인들이 필요하다. 따라서 기만적인 재배치가 "그 슬럼가를 지배하는 환경에 희생된 자들"이라고 상기시킬 것이다. "슬럼가-공포-불안-번민-자기 방어적 행위"를 연합함으로써, 거짓 인과관계로 구성된 일련의 혼합이 그다음으로 연결될 것이다. 화자는 자신이 기자에게는 금지했었던 것인 "자기 방어적 행위"라는 형태로 살인을 규정할 것을 제안한다.

> 따라서 저는 사람들이 특히 살인이라고 규정 짓지 말기를 바랍니다. 살인이라는 것은 프랑스 형법상의 매우 특별한 용어이지요.

다른 사람이 예단할 가능성은 약화시켜 놓고, 화자는 결론으로서 자신의 이 발언 단계를[이것은 기술적으로 (연설의) 결론에 해당한다.] 공포 활용과 권위 활용으로 다시 사용하여 "살인"이라고 말할 가능성을 부정한다.

이 발언의 마지막에 화자가 쉴 새 없이 연결한 조작 행위들의 풍부함과 복잡함을 확인할 수 있으며, 겨우 수십 초간 지속되는 시간에 그것들을 들을 때 구별하기가 얼마나 어려운지 확인할 수 있다.

2번에서 7번까지 분석

2번 발언에서, 그 조작적 배치의 목적을 알아챈 듯한 기자는 보다 현실적인 틀로 돌아오려고 한다. 그렇지만 그의 시도는 실패한다. 왜냐하면 화자가 인지적인 조작 영역을 떠나 정서조작 영역으로 슬며시 들어가기 때문이다. 자신을 "잘못 이해받은" 희생자로 표현하고 사람들이 "언제나 제대로 이해를 못한다"고 자처하는 것이다. 이 수법은 유혹과 권위를 섞는 것이다. 르 펜은 사람에 의한 유혹과 공포 활용을 차례차례로 사용할 것이다. 그 기자는 어떤 기만적인 재배치 과정 중에 필요한 대상이다. 기자가 조작자인 것처럼 묘사되기 때문이다.

> 저는 여기서 원하신다면 90건의 폭력 사건 리스트를 제시할 수도 있습니다. 거기서 8명이 죽었지만 아무도 그 사건들에 대해서는 얘기하지 않습니다. 몇 사람들은 몇 달 전부터 혼수상태에 빠져 있어요. 팔다리가 절단된 사람들에 대해서도 아무도 말하지 않아요. 그렇지만 어떤 관계적 유형에 대해서는 그런 미디어적 결집이 통하지 않는 것 같습니다. 특히 유색 인종이 관계되거나 특히 이민자와 **국민전선** 사람들이 관계될 때는 더욱더요. 저는 인정하고 싶지 않습니다.

화자는 여기서 사실에 근거한 발화에 의존했고, 즉시 그는 대중에게 알려지지 않은 사실이라고 소개한다. 미디어가 그런 사실을 말하지 않았기 때문이라고 한다. 국민전선이 — 열거한 목록에 의하면 — 그 사실을 많이 말했던 것 같지 않다는 것에 유의할 것이다. 많은 시청자들로서는 어쨌든 그런 리스트 얘기를 듣는 것은 처음이다. 공포 활용이 명백하며, 이 숫자들이 이 경우에 꾸며진 것이라면, 우리는 진짜 정보 왜곡, 즉 거짓 배치 시도의 목전 앞에 있는 것이다. 기자의 질문에 뒤이어, 이번에는 화자가 국민전선 당원들도 희생된 사람들이 어느 정도 있어 왔다고 말하면서 토론은 이 지점에서 멈춘다. 기자와 마찬가지로 화자도 옳다고 증명할 "무의미한 싸움"으로 멈춘 것인가?

7번 발언으로, 국민전선 당원들을 "희생자나 가해자" 중 어디에 배치할지 질문함으로써 기자는 1번 발언에서 시작한 조작적 배치를 다시 벗어나려고 한다. 여기서 기자가 언론인으로서의 역할에 — 적어도 그가 보여주는 모습으로는 — 갇혀 있는 것이 보인다. 질문들을 제기하는 것에 그칠

뿐, 객관성을 확실히 하는 보증인인 것도 아니고 눈앞에서 펼쳐지고 있는 조작의 고발인도 아니다. 기자가 하는 질문의 재배치는 따라서 부분적으로 적절하다. 화자가 제안하는 기만적인 재배치는 다음과 같이 다시 확인된다.

8번과 9번 분석

> 쌍방이 희생자라고 생각합니다. 자기방어를 하다 일어난 비극입니다. 그들이 무기를 소지한 것은 잘못이지만, 그들은 한밤중에 북쪽 구역에 있었어요. 그들의 동네였어요. 다시 한 번 말하는데, 벽보를 붙이던 사람들의 동네예요. 거기는 이민 현상과 연관된 매우 심각한 긴장이 존재하는 지역이란 걸 사람들은 잘 알아요. 저는 여기서 정의의 수호자 역할을 하는 사람들, 항의 시위의 선두에 서는 사람들, 20년 동안 우리나라에 천 명의 이민자들을 끌어들인 정치 책임자들을 규탄하고 싶습니다.

화자는 이처럼 이미 사용된 주제들을 반복의 방법으로 다시 취한다("희생자"라는 표현으로 다시 돌아온 것이다). 기만적인 재배치가 "무기를 소지한", 그러나 단지 "잘못한" 사람들이라고 표현한다(무기를 소지한 것이 단순한 "잘못"이라고 하지만, 사법 편에서는 죄과를 결정하는 이유가 될 수 있다). 다음으로 눈에 띄지는 않지만 효과적인 강압적 배치가 나타난다. 그 사람들(살인자들)이 있었던 구역이 "그들의 동네이고, 다시 한 번 말하는데, 벽보를 붙이던 사람들의 동네"라고 말하는 것이다. 그 "그들의 동네"라는 것은 살해당한 젊은이가, 그는 코모로 출신이기 때문에, "자기 동네"에 있지 않았다는 사실을 덮는다.

"이민 현상과 관련된 매우 심각한 긴장" 몇 개의 단어들로 인지적인 혼합을 만들어 낼 수 있으며, 인지적인 혼합은 공개된 토론에서 그 혼합이 만들어 낸 매우 다른 형태들을 떠오르게 할 수 있다. "이민"과 "매우 심각한 긴장" 사이의 근거 없는, 그러나 확언된 연합은 여기서 분명하게 작동되고 있는 조작의 중심 요소로 기능한다. 화자로서는 이 사실을 길게 전개시킬 필요가 없다. 누구나 이미 수천 번은 들은 말이다. 기자는 이민 문제를 떼어 내서 진행 중인 토론과 분리시키려고(9번 발언) 시도하지만 그 효과는 이미 발생되었다.

이 혼합은 잘못된 인과관계들을 연결시킨다. 외국인들과 그들을 옹호하는 "정의의 수호자들"과 "정치 책임자들"을 연결시켜 결과적으로 이들 각자가 "매우 심각한 긴장"으로 연합된다. 여기서 제시된 숫자(천 명의 이민자들)는 기자가 반박하지 않은 단순한 거짓 배치에 속한다는 것을 유념하자.

인지적인 조작은 이 부분에서 다음과 같이 요약될 수 있다. 살해를 당한 사람처럼 살인자들도 그 동네의 폭력에 희생된 자들이다. 그 폭력은 이민이 불러온 것이다. 결국, 살인자들은 외국인들에 희생된 자이고 살해당한 외국인은 스스로의 희생자이다. 이렇게 조작된 상황은 방향이 완전히 바뀐다. 즉, 살인자들은 그들의 동네에 있었기 때문에 희생자들이고, 희생자들은 외국인들이기 때문에 그들이 겪은 일은 전적으로 그들의 책임이다. 다음의 사실을 기억하자. 그 상황과 관련 없는 어느 청년이 국민전선의 벽보를 붙이던 두 사람에 의해서 어느 날 밤 등뒤에서 공격을 당해 사망했다.

10번 분석

그 일 자체에 대해서는, 감정이 있는 사람이라면 한 청년의 죽음에 슬픔을 느끼지 않을 사람이 없고, 청년의 부모들이 갖는 고통을 함께하지 않을 사람은 없습니다. 이것은 하나의 사실입니다.

화자는 이미 사용되어 앞에서 분석된 감정에 호소하기(대중 선동적인 유혹)를 다시 시작한다. 그는 이민에 책임을 돌리는 것이지 이민자들을 탓하는 것이 아니라고 말하는 극우가 흔히 연출하는 일종의 분리 기법을 이용한다. 여기에는 분명히 제대로 감춰진 강압적인 배치가 하나 있다. 왜냐하면 이민에 대한 증오는 명백한 숨은 결과들을 만들어 내고, 그 결과들은 종종 외국인 혐오로 일어나는 살인으로 구체화되기 때문이다. "이것은 하나의 사실입니다."라는 말이 역으로 그 두 수준 사이에 존재하는 관계를 잘 보여 준다.

> 방금 전에 질의하신 질문에 대해서는, **국민전선**이라는 이름이 폭력과 연결되는 사실에 대해 어떻게 생각하십니까? 저는 이렇게 대답하죠. "**국민전선**이 가하는 폭력보다 **국민전선**에게 가해진 폭력이 훨씬 더 많습니다."

기자가 (텍스트에는 소개되지 않은 질문인) "왜 국민전선의 활동은 폭력적인 이미지와 그토록 자주 연결될까요?"라고 질문함으로써 효과적으로 시작했다. 화자는 이 질문에 대해서 위와 같이 말하면서 토론을 끝낸다. 이 때 그는 문체에 의한 유혹 방법을 사용한다. 이 화자가 이런 방법에 굉장히 익숙하고, 이런 방법을 극우가 즐겨 사용하는 것을 눈치챌 것이다. 이 토론의 매우 비극적인 주제가 화자로 하여금 오히려 인지적인 조작을 더 사용하고 싶게 만들었고, 이런 조작은 매우 눈에 띈다. "국민전선이 가하는 폭력보다 국민전선에게 가해진 폭력". 그런데 이 마지막 문구는 논증의 장소에 사용되는 (두 표현이 대조적인 형태로 대칭을 이루며 반복되는) 변화반복법이다. 이 변화반복법은 화자가 토론을 조작함으로써 상황을 전복시켰다는 것을 나타낸다. 기자의 "야만적인 행위"라는 비난에서 시작한 토론은 "국민 전선에게 가해진 폭력"이라는 비난으로 종결되면서, 그 당의 지도자는 한 번 더 희생자로 자처할 수 있게 된다.

조작기술들의 복합체

조사된 다양한 방법들을 빠르게 세어 본 종합 결과가 다음의 표에 제시되었다. 적어도 19개의 조작기술들이 발견되었다.

	정서조작		인지조작	
	감정에 호소	융합적 효과 추구	조작적 배치	근거 없는 인과관계
사람에 의한 유혹	***			
문체에 의한 유혹	*			
메시지의 미화				
공포 활용	****			
메시지 반복				
최면 상태와 동기화				
촉각 활용				
거짓 배치			**	
기만적인 재배치			****	
강압적인 배치			**	
혼합				***

이 표를 살펴보면 토론의 "색깔"과 인격의, 이 경우에는 토론에 가담한 화자의 인격의 "색깔"을 알 수 있다. 여기서는 기만적인 재배치가 통하도록 공포와 권위에 많이 의존하는 어느 인물이 보인다. 모든 것이 화자가 방어적인 입장에서 출발하여, 거의 모든 입장들을 회복하고 종결하는 상황을 보여 준다. 융합적인 효과를 추구하지 않은 것도 초기에 이러한 방어적

이 때로는 어려운 것이다. 장-노엘 카프페레Jean-Noël Kapferer는 "역설적이게도 광고가 작동할 때, 어떤 심리적인 과정으로 그 광고가 결과를 달성하는지 알 수 없다."[1] 홍보된 물건이 팔릴 때조차도, 사람들이 그렇게 가늠할 수 있는 기준들을 가지고 있을 때도 왜 그 물건이 팔리는지, 그리고 메시지의 어떤 부분이 호응을 얻었는지 알기 어렵다.

대부분 광고는 매우 미묘한 모습으로 나타나기 때문에 그 광고의 효과를 알아보는 것은 쉽지 않다. 그렇지만 우리는 그 시도들이 성공했는지 더 잘 이해하려고 애써야 한다. 우리는 이 문제를 두 사례에 대해 토의함으로써 풀어 보려 한다. 한 예는 광고와 관련된 것으로서 담배 홍보 캠페인 사례이고, 다른 예는 프랑스 정치 분야에서 인종주의적 생각들의 전개와 관련된 사례이다. 이 두 사례만으로도 오늘날 더 이상 조작이 존재하지 않는다거나, 조작은 "능력도 없고 보잘것없"을 것이라는 생각을 물리치는 데 충분할 것이다.

여기에는 공공 생활과 직업 세계에서 사용되는 선동적 발화들의 폭과 수로 파악되는 양적 평가를 할 가능성은 없다. 어려움이 예상되는, 심도 깊은 조사 없이 대략의 평가에만 전념할 수 있을 뿐이다. 광고에는 실제로 조작적인 발화와 다양한 힘이 대다수 차지한다. 오직 이 분야의 아주 소수의 메시지만이, 우리가 앞에서 설명했던 방법들에 의존하지 않고, 단순히 정보적이거나 논증적이거나 설명적인 발화로 구성될 것이다.

그렇지만 우리가 담화 조작의 잘 알려지지 않은 어떤 다른 효과를 분명히 밝히지 않는다면, 우리의 논증은 그 현상의 폭에 비해 매우 미완성일 것

1 Jean-Noël KAPFERER, "Les chemins de la persuasion publicitaire", *Sciences humaines*, 38호, 1994년 4월.

이다. 그 효과는 청중이 조작이 일어나고 있다는 것을 의식하나 그것을 해독할 능력이 없기에 모든 발화로부터 벗어남으로써 자신을 보호하는 상황들 모두와 관련된다. 보호하기 위해 하는 그 후퇴는 다양한 역효과를, 의심스럽기는 하지만 발생시킨다. 정치적 소비에서부터 직업 관계 또는 친구 사이에서조차도 온갖 종류의 것들에 대해서, 그들의 의사에 반하여, 그들의 동의를 얻으려 하는 반복되는 시도들이 있다는 가정에 지친 많은 현대인들이 스스로 유폐의 길로 들어서는 것이다.

조작된 담화가 발생시키는 이 두 번째 효과는 일반적인 담화와 관련한 신뢰에 위기를 불러온다. 이런 효과는 성공한 조작 효과보다 더 걱정스러울 것이다. 그것은 지엽적인 조작 행위를 넘어서서 스스로 발전하려고 하는 어떤 세계와의 관계를 만들어 낸다. 다른 동기들에 부가되는, 조작이 반복적으로 실행되면 결과적으로 우리 현대 사회의 주요 특성인, 사회적 관계를 파괴하는 개인주의를 발전시킬 것이다. 따라서 하나의 종합적인 평가가 이 관점으로부터 파악되는데, 그 평가는 조작에 관한 새로운 시각을 제시한다. 그 시각은 그런 과정들이 전파하고자 하는 가치들의 분석이나 즉각적인 효과를 넘어서는 것이다. 조작이 촉진하는 생산물들이나 가치들과는 별개로, 조작은 그 자체로 우리의 사회적 삶에, 특히 역설적이게도 조작이 우리를 조종하는 데 실패할 때조차도영향을 미친다.

효과적인 조작

조작이 그 목적을 달성하는 모든 경우들로 이 종합적 평가를 시작해 보자. 잊지 말자, 조작자들이 결과를 얻지 못한다면 그렇게 많은 조작자들이 존재하지 않을 것이라는 것을. 여기에는 조작자들이 자신들의 메시지에 둔감할 것이라고 여길 대중을 조작할 그들의 능력에 재원을 투자하는 자들을 설득할 수 있는 것에만 조작자들이 그들의 능력을 집중한다는 파렴치하고 완전히 비현실적인 시각은 한쪽으로 치워 놓을 것이다. 우리 사회에서 유력한 권력을 가지고 있는 자들에게는 유효성과 수익성이 중심적인 가치가 되었다. 광고와 정치적인 소통에 사용된 거대한 금액들이, 이 두 분야만 따져 본다 해도, "투자 수익"을 발생시킬 것이라는 사실을 전제로 한다는 것은 의심할 여지가 없다.

어떻게 소비하도록 강요하는가

20세기 후반기에 산업 세계가 광고업자들의 작업을 통해서 도달하려고 애썼던 주요 목표들 중의 하나는 제대로 이루어졌다. 시대의 수요보다 더 많이 생산된 수많은 소비는 사실 광고가 몰두했고, 아직까지 몰두하고 있는 사실상의 "맹공격"에 의해서만 유통 가능해졌다. 우리로서는 이것이 경제나 각 개인들에게 전반적으로 옳은 일인지 아닌지 아는 것은 문제가 아니다. 이 문제는 엄격한 의미에서 토론할 만한 것이고 각자의 선택에 달려 있다. 어떤 사람들은 거기서 과도한 낭비를 볼 것이고, 다른 사람들은 경제적인 역동성과 일자리를 창출하는 근원을 볼 것이다.

우리가 주목하고 싶은 문제는 평범한 방법들로 사람들을 설득하려고 단순하게 시도했다면 이런 목표는 달성되지 않았을 것이라는 것이다. 게다가 광고 속에서 모든 조작적인 영역들이 탄생하고 발전했기 때문에 "전통적인" 광고로는 이런 목표를 실현할 수 없다는 사실도 확인되었다. 바로 이런 이유로, 우리가 앞서 보았던 것처럼 커뮤니케이션 전문가와 사회과학 전문가들이나 심리학자들, 공공 관계 전문가들에게 의존했던 것이다.

이런 관점에서 미국의 상황은 분석하기에 흥미로운 대상이다. 스튜어트 유웬이 앞에서 지적한 것처럼, 미국의 "전통적인" 문화는 소비의 관점에서는 노동을 중시하고 절약하는 청교도적 가치가 깊이 배어 있었다. 어느 광고적인 형태가 이런 문화에 광범위한 영향을 미치려는 시도를 하지 않았다면, 문화에서의 그런 본질적인 빗장이 아마 이런 방식으로 요동치지는 않았을 것이다. 그 청교도적인 문화는 물론 세월과 함께 진화했겠지만, 분명히 이런 방향으로는 아니었을 것이다. 그런 문화가 깊숙이 뿌리내렸던 것은 아니었기 때문에 그 문화가 쉽게 굴복했다는 주장은 과학적으로 실험한 방법들로 사람들의 "정신을 도야"하기 위해서 특별히 투자된 수십억 달러를 생각하면 전혀 설득적이지 않다.

1950년대부터 현재까지, 그런 현상을 날마다 확산만 시킨 서구에서 일어난 일은 동원된 방법과 방식 차원에서 전체주의 체제에서 실행되었던 선전과 비교할 만하다. 그런 말을 할 수 있는 조건이 그 체제에서 덜 강력한 것은 아니다. 자유주의 체제들은 그런 관점이 여전히 발전하고 있는 중인 반면에, 소위 전체주의 체제는 그 체제가 거의 완전히 붕괴된 그 순간부터 그런 조건이 그 체제에서 훨씬 더 강력하고 더 효과적이라고 말하게 될 것이다. 예를 들어, 러시아 같은 나라에서 대로를 가로막는 붉은 플래카드의 슬로건들이 커다란 광고 포스터로 대체된 것으로 보아 그 조건적 방법들은 대체로 여전히 같은데도 한 선전 내용이 다른 내용으로 어떻게 옮겨가는지 연구하는 것은 흥미로울 것이다.

• 공공 건강에 미치는 어떤 재앙 – 선전활동과 조작적인 방법들을 사용하면 언제나 거기에 저항하는 의견이 있기 마련이다. 그런 저항이 없다

면, 거기에 들이는 노력은 불필요한 것이 되고 낭비가 된다. 담배 광고의 사례가 저항을 물리치기 위해 공들인 방법을 보여 주는 교과서적인 케이스이다.

서구에서 담배의 전반적인 역사는 실제로 이렇게 씌어질 수 있다. 1950년대까지 담배 소비는 많지 않았고 상대적으로 한정되어 있었다. 제조업자들은 이미 어느 시기부터 광고 정보를 제작하고 있었다. 그 정보는 예를 들면 어떤 죄책감이라든지, 여성들에게는 어떤 저속함과 연결된다는지 하는 것과 같은 문화적인 저항들에 대립하는 것처럼 보였다. 담배가 건강에 그다지 좋지 않다고 의심하기도 했으나, 그런 부분에 그다지 큰 걱정은 하지 않았다. 과학적이고 의학적인 연구들이 다양한 종류의 암들과 담배 소비 사이에 커다란 연관성이 있다고 조금씩 발표하자 그때부터 판매가 격감했다. 사람들은 이 경우에서 대중의 성숙함을 드러내는 행동과 공공의 건강과 관련된 어떠한 사회적인 합리성을 확인했다. 왜냐하면 올바른 의학 정보는 여론에 영향을 미치기 때문이다. 각자의 선택이 불러일으키는 결과들에 대한 정보가 충분히 주어지면서부터 담배를 피울지 말지를 각자가 자유롭게 선택하는 분위기 속에서 통계적으로 소비 행동이 줄어들고 담배에 대한 저항이 늘어나는 것으로 그다음의 이야기가 이어지는 것이 정상적이었을 것이다.

그러나 그 이야기는 그렇게 흘러가지 않았다. 판매율이 추락하자 제조업자들은 공격으로 돌아섰고 전통적인 광고 방법보다 더 효과적인 방법들을 동원하기로 결정했다. 밴스 패커드는 이에 대해 그들은 어느 사회과학 연구소에 도움을 요청해 "정신 의학적인 조사 기술들"을 이용해서 흡연자들의 잠재의식을 깊이 연구했다고 말한다. 그들은 그중 일부 흡연자들에게서 담배에 대한 저항이 그렇게까지 진행된 것은 아니라는 믿음을 발견했다. 이 흡연자들은 실제로 흡연 행위가 활력을 주며 그들이 에너지와 활기를 가진 사람이라는 것을 보여 준다고 설득당한 것이다. 광고업자들은 그런 믿음에 주목했고 그것을 재빨리 퍼트리고 발전시켰다. 그러고는 대규모의 혼합적인 시도를 통해서 힘과 남성성을 담배 소비와 결합한 메시지들을 구축했다.

그 메시지는 다양한 모습을 지닌 미사일처럼 작동했다. 남성들은 거기서 그들의 남성성을 드러낼 방법을 보았다. 여성들은 그들의 해방적 능력을 확실히 할 기회를 포착했다. 청소년들과 아이들은 그들이 보기보다는 훨씬 더 어른이라는 것을 크게 애쓰지 않고도 보여 줄 수 있었다. 이뿐만 아니라 광고업자들은 좋은 건강과 활력이라는 허구를 과학자들이 말하는 현실과 대립시켰고, 질병과 인체의 만성적인 허약함에 대한 지식과도 대립시켰다. 흡입하고 내뿜을 때마다 인체가 자극받아 활성화된다고 많은 사람들을 설득하는 소문이 자리 잡았다. 흡연 행위에 대한 구체적인 인식이 그 소문으로 인해 완전히 왜곡되었다(알코올에 대해서도 비슷한 소문이 있다. 극심한 추위에 그것을 마시면 "몸이 데워"질 것이라는 것이지만, 실제로 음주는 몸의 체온을 더 낮춘다). 이런 혼합으로 인해서 다양한 각도에서 수백만 번 반복된 선전적인 성질의 메시지 하나가 구축되었다. 판매는 재개되었고 대폭 늘어났다. 결국 저항은 패배했다. 담배를 피운다는 죄책감은 대부분 사라졌다. 이 부분과 관련된 의학적이고 과학적인 정보는 조롱의 대상이 되었고 우습게 느껴졌다.

담배 소비는 1975년까지 대량으로 늘어나다가 이후 감소하기 시작한다. 카트린 힐Catherine Hill과 프랑수아즈 두아용Françoise Doyon, 엘렌 산초-

가르니에Hélène Sancho-Garnier의 보고서는 이 문제로 일어난 현상을 명확히 짚어 냈다. "1990년에 조사된 사망률은 20년에서 50년 전에 피웠던 습관적인 흡연 중독의 결과이다 … 이해하기 가장 어려운 것은 원인과 결과 사이에 거대한 시간적 격차가 있는 것이다 … 한 세대가 흡연 중독으로 진입할 경우, 그 세대가 그 습관에 대한 결과를 지불하려면 50년이 필요하다."[2] 오늘날 프랑스에서 1년에 6만 명이 사망하는 이 현상을 저자들은 담배로 인한 "암적인 전염병"이라고 묘사한다. 1975년경까지 소비가 늘어났던 것과 이 시기 이후의 소비를 추적한 결과, 저자들에 의하면, 2025년부터는 1년에 16만 명 이상의 사망자를 "역학적으로" 발생시킬 것이다.

• 정보와 예방책의 약화 – 조작기술을 사용하는 것은 담배 제조업자들의 손에 극단적인 살상 무기를 쥐어 준 것이다. 다른 분야에서는, 유사한 분석이 (담배와 비슷한 이야기가 있는) 사탕류와, 보다 일반적으로는 일부 식품 분야에 대해 수행될 수 있을 것이다. 이런 문제에서 중요한 것은 조작 행위들의 핵심적인 영향은 사람들에게 선택의 자유를 빼앗아 주어진 어떤 행동을 강요하는 데 있다는 것에 주의하는 것이다. 역설적이게도 사람들은 전반적으로 흡연을 할지 아니면 말지에 대해 자유롭지 않다고 말할 수 있다. 어떤 사람들은 영향을 받지만 다른 사람들은 그렇지 않다. 왜냐하면 이런 캠페인의 영향은 제한적이고 다른 요소들이 행동 선택에 개입하기 때문이다. 그러나 대체로 그들은 그들의 선택과 행동의 결과에 대한 정보가 완벽하게 제공된 상태에서 일부 사람들은 완전히 자유로운 상태에서 흡연을 선택하거나 다른 사람들은 선택하지 않는 상황을 바랄 수 있다.

---

2 Catherine HILL과 Françoise DOYON, Hélène SANCHO-GARNIER, *Épidémiologie des cancers*, Éditions Flammarion, "Médecine-Sciences", Paris, 1997.

조작자들은 대중의 저항을 잠재우기 위해서 우리 사회에서 과학적인 문화가 이룩한 일부 발전들을 활용해야 하는 상황에 자주 처한다. 대중을 대상으로 하는 건강 교육은 오늘날에는 흔히 비웃음거리가 되었지만, 여론에 매우 느리게만 반향을 일으킨다. 하지만 이런 교육은 실제적인 선택을 정립하게 하는 보다 자유로운 행동의 시작점이 될 수 있다. 신新선동꾼들의 표적이 되어 버린 이런 교육은 언제나 지치도록 계속 채워야 하는 다나이데스의 통과 같다.

이런 "저항"을 잠재우기 위해 사용되는 방법들은, 예를 들어 예방 기관들이 사용하는 방법들로서 공통 척도는 없다. 이런 단편적인 정보는 결국 대중에게 도달하고 상당히 멀리 퍼져 가장 세세한 작은 부분들에까지 개입한다. 예를 들어 치약이 오랫동안 잘 알려진 이유로 "깨끗하고 신선한 입김"이라는 주제에 대해서 주장하는 광고를 하기도 했다. 광고의 시각에서는 "이상적인" 양치질은 아침에 일어나서, 즉 구강 위생의 관점에서는 가장 최악의 순간에 하는 것이다. 그렇게 되면 이를 닦은 직후에 첫 식사를 하기 때문이다. 그 밖에도 — 지금은 폭넓게 알려진 — 태양의 유해성과 태양 광선이 피부에 가하는 공격성과 관련된 대부분의 자외선 차단 크림들의 상대적인 무용론에 관한 의학적인 정보에 가해지는 규제책들에 대해 할 말이 많을 것이다.

혼합의 참화

정치 분야에서의 조작은 물론 효과가 없지 않다. 1990년대 중반에 이스라엘 극우파가 이츠자크 라빈Yitzhak Rabin 총리를 상대로 벌인 믿을 수 없는 선전 캠페인은 곧바로 1995년 11월 어느 광신적인 젊은이가 저지른 총리 암살을 가능하게 만들었다. 이 비극적인 사건은 연결 고리의 한끝에 있는 조작하는 말들과 그 고리의 다른 한끝에 있는 암살을 연결하는 동기들의 맥락적인 본질에 대해 의문이 드는 경우이다. 라빈을 히틀러와 똑같이 취급하거나, 그 총리가 팔레스타인인들의 테러들을 포함한 그 모든 문제들에도 "여전히 살아 있다"는 그 사실 자체로 설명되는 혼합이 결국은 "그 문제"를 해치우는 유일한 방법은 그 문제를 만든 자의 목숨을 없애는 것이라고 설득시켰다. 그 문제를 꼭 그렇게 가리키지 않더라도, 그런 메시지에 집착하여 행동으로 옮기는 누군가가 비슷한 경우에 자주 존재하기 마련이다. 선전은 개인들이 자유롭게 선택한다고 믿게 하지만 이 경우, 형식상으로는 암살자가 완전히 스스로 결정한 듯하나 실제로, 그는 유대인 종교 극우파의 조작하는 말에 지배당한 것이다. 엄밀히 말하면, 그는 영향을 받아 벌인 일이고, 이 사실은 한편으로는 그의 실질적인 책임이 있는 골치 아픈 문제를 제기한다.

프랑스에서 성공을 거두고 있는, 사회적 위기와 외국인의 존재를 잇는 혼합은 담화의 조작이 발생시키는 효과들을 보여 주는 명백한 또 하나의 증거이다. 외국인 혐오의 최저 수위가 점점 상승하는 분위기에서 분명히 극우가 퍼트리지만, 반드시 극우에 의해서만 퍼지는 것은 아닌 이런 타입의 선전적 메시지들의 역할을 사람들은 때때로 과소평가하는 경향이 있다. 일부 경우는 이런 외국인 혐오가 살인 행위로 변하기도 한다. 수많은 인종 범죄나 폭력 행위는 대중들에게 서서히 퍼진 외국인 혐오적인 담화들과 어떤 인과관계를 가지고 있다. 그러나 그 행위를 결정짓는 맥락은 행위의 책임이 개인들의 운명의 두께 속에 약화될 정도로 복잡하기도 하다.

1996년에 소심하고 "별다른 문제가 없었던" 한 청년이 (오-랭Haut-Rhin

지방에 있는) 자기 마을의 주임 신부를 뚜렷한 이유 없이 잔인하게 살해했다. 청년의 방에서는 "악마 같은" 참고서적들이 발견되었고, 그중 극우 측의 문서들과 장-마리 르 펜의 사진이 있었다. 뒤쫓아 온 지역 언론에게 군인 경찰은 서둘러 "단독 행위"에 의한 사건이라고 규정했다. 그러면 우리 사회에서, 그리고 그런 맥락에서 "단독 행위"라는 것은 무엇을 의미하는가? 살인을 저지른 개인에게 책임이 있는 것은 분명하다. 그러나 그 행동으로 이어지는 데 결정적인 역할을 한, 그 당사자가 겪은 조건적인 부분은 어떤 것인가?

1985년 4월 18일 이마드 블루드Imad Bouloud가 르 아브르Le Havre의 저수지에서 사망한 채로 발견되었다. 그의 몸은 심하게 폭행을 당한 상태였다. 그를 살해한 두 명의 범인은 국민전선의 모임을 끝내고 나오면서 "아랍인들을 사냥"하러 갔었다고 고백했다. 그 모임에는 브뤼노 메그레Bruno Mégret가 참석했었다. 이 사람이 연결점의 한끝에 있고, 그 살인자들이 다른 한끝에 있다. 이 둘 사이에는 외국인들이 심각한 문제를 일으키는 근원이라는 생각이 존재한다. 혼합의 구조는 두 극단을 밀착시켜서, 하나에 영향을 미치기 위해서 다른 하나를 일종의 대체물로서 영향을 미치게 한다는 것을 아무리 강조해도 지나치지 않을 것이다. 외국인을 혐오하는 혼합은, 골드하겐의 표현을 빌리자면, 본질적으로 "제거주의적"이며, 사람들이 알고 있는 그런 결과들을 동반한다.

간접적인 효과들

조작 효과들이 직접적이기만 한 것은 아니다. 조작기술을 사용하면 어떤 병행 현상이 일어나기도 하는데, 이런 병행 현상은 거의 주목받지 못해 왔다. 그 현상은 "파블로프적인 창조"라고 부를 만한 것을 발생시키며, 이것은 아마도 우리들 각자의 내부에 존재한다. 보다 폭넓게 말하자면, 그 현상은 조작에 익숙하고 나중에는 조작이 피할 수 없는 자연스러운 현상이라고 받아들이도록 만든다. 조작을 당한 많은 사람들은 그렇게 처리된 것에 만족하고, 결정에 대한 책임을 졌다고 착각하면서, 그 책임에서 벗어난 것에 만족스러워 하는 가짜 자유를 느끼고 "외부로부터 지시를 받았다"고 느끼는 것에 만족하는 복잡한 감정을 표현한다.

우리가 처한 환경에서 조작기술들이 자주 사용되고 중요해지면서, 이런 현상이 어떤 "신인류"를 만들어 냈다. 미국의 사회학자 데이비드 리스먼David Riesman은 1950년대에 이 신인류의 출현과 보편화를 자세하게 설명했다. 이 학자는 자신의 유명한 저서[3]에서 "내부적으로 결정되는" 전통적인 개인과 "외부적으로 결정되는" 현대인을 대조했다. 후자는 리스먼의 비유를 빌리자면, 그 사람의 가족과 그가 속한 사회 집단에 의해 결정되며 선험적으로 정의된 행동 지침이 되는 "내부적 자이로스코프(회전의)"를 더 이상 사용하지 않는다. 오히려 이 현대인은 외부로부터 전달받은 정보를 다루게 해 주고, 매우 순응적으로 그 정보에 적응하게 해 주는 "레이더"라는 것을 사용한다. 외부적으로 결정되는 사람은 외부, 즉 다른 사람들의 생각, "중요한 사람들"의 판단에 거의 전적으로 영향을 받아 행동한다. 타자의 반응에 반응하는 완전히 사회적인 존재는 자신의 주변 세상으로부터 받은 모든 부추김이 그의 자유를 얽어매는 족쇄라고 생각하지 않는다. 오히려 그는 이것들에 안도하는 경향이 있다. 왜냐하면 이것들은 자신에게 행동 지침을 제공하기 때문이다. 그런 맥락에서 조작은 역설적으로 자

3 David RIESMAN, *La Foule solitaire, anatomie de la société moderne*, Arthaud, Paris, 1964.

유의 근원으로 나타난다. 폴린 레아주Pauline Réage라는 가명으로 소설《오 이야기Histoire d'O》를 쓴 저자는 노예적 속박 상태와 구속이 여성들에게 자유를 주는 근본적인 원천이라는 것을 비슷한 방식으로 설득하려고 시도한 것이다.

우리의 다른 저서[4]에서 커뮤니케이션 사회의 현대적 인간을 호모 코뮤니칸Homo communicans이라고 묘사한 적이 있다. 이 현대적 인간은 외부 세계, 특히 미디어의 중재로 받아들인 정보들에 따라서 분석하고, 다루고, 결정하며, "정보적인 어떤 존재"를 만드는 틀에 스스로 들어가 세상 속에서 이성적으로 스스로를 이끄는 "내적 결여의 존재"와 같다.

리스먼은 톨스토이의 소설《안나 카레니나》의 한 구절을 인용한다. 거기에는 그 현대적인 인간의 시초가 다음에 묘사되는 한 인물을 통해서 잘 표현되어 있다. "그는 의견을 바꾸지 않았다. 그 의견이 그가 알지 못한 상태에서 그의 것으로 바뀐 것이다. 게다가 그는 자신의 정치적 의견을 선택하지 않았다. 모자나 옷을 선택하지 않고, 모든 사람들이 입는 것을 자동적으로 입고 다녔던 바로 그런 것처럼, 그 의견들이 자동으로 그에게 왔다. 이처럼 자유주의는 그에게 하나의 습관이 되었고, 식사 후에 시가를 아주 좋아한 것처럼, 그는 신문을 그저 좋아했다. 이것은 그가 자기 뇌 속에서 만들어 대던 가벼운 안개 때문이다."

그런 어떤 맥락 안에서, 즉 어떤 사회 속에서 사회의 일원들에게 그 사회 스스로가 만든 영향 이상의 어떤 극단적인 사회화, 즉 조작을 요구하고, 순응주의적인 경향을 강화시키며, 새로운 장르의 전체주의 사회가 될 싹

---

4 이 주제에 대해서 본 저자의 저서인 *L'Utopie de la communication*, La Découverte/Poche, Paris, 1996에서 다루었으므로 독자들은 이 책을 참조하기 바란다.

들을 그 사회 자체로 갖고 있다. 이 사회는 "자유"를 찬양하면서도 사회 일원들을 언제나 바짝 쪼여진 그물망에 가두고, 그 일원들에게 가장 최소한의 행동들을 강요한다. 베르트랑 푸아로-델페슈Bertrand Poirot-Delpech의 말대로, "그 사회가 강요하는 광고와 광경들은 행복이나, 머리 감는 샴푸를 자유롭게 선택하거나 꿈꾸거나 배우는 데 도움되지 않는다. 치아 전체를 사용하여 삶을 와작와작 씹는 데도 도움되지 않으며, 건강을 유지하는 데도, 돈을 버는 데도, 열대 지방에 가서 누드로 지내는 데도, 톱모델들에게 둘러싸이는 데도 그의 시간에 마음을 맞추는 등등에도 도움이 되지 않는다. 그것들은 시민들을 최면상태에 빠진 고객으로 바꾸며, 비판적인 정신을 감동하고 동정하며 제품을 원하는 기계로 바꾼다."[5]

개인주의의 새로운 원천들

조작은 지나치게 사회화된 현대 사회들이 지니는 이런 특징적인 사회적 압박의 한 요소일 뿐이다. 그 요소는 아마도 가장 과도하지만, 사회의 다른 요구들과 연속성을 이루며, 어쨌든 그것으로부터 눈에 띄는 정점을 만들어 낸다. 이런 압박이 때로는 거센 저항을 만나기도 한다. 조작이란 것은 노력에도 불구하고 그렇게 눈에 잘 띄지 않는 것이 아니며, 항상 그런 것은 아니지만 모든 사람이 그들을 위해 결정하는 어떤 시스템이 조성하는 이런 명백한 안전 속에 사는 것을 만족하는 것은 아니다.

침범해 들어오는 메시지들로부터 보호할 그리고 외부 결정의 속박들로부터 벗어날, 아직은 결정에 있어서 가치가 있다고 판단하는 어떤 내부성

5 Bertrand POIROT-DELPECH, *Le Monde*, 1997년 1월 22일, p. 15.

을 확신할 다양한 전략들이 있다. 이러한 저항들의 단점은 그 저항들이 대부분 개인주의적인 자폐 근처에 있다는 점이다. 여기에 조작의 근본적인 역효과가 있는 것 같다. 조작의 역효과들이란 조작이 사회적인 불신으로부터 자라나며, 다른 사람의 말에 대한 체계적인 의심에서부터 생겨나는 것을 가리킨다.

철학자 카임 페렐만Chaïm Perelman은 "모든 논증은 사람들의 지지를 얻으려고 하므로, 그 사실 자체로 인해서 사람들의 실질적인 공동체가 있어야 하고 … 지적인 접촉이 있어야 한다"[6]고 우리를 일깨운다. 부분적으로는 거짓이 있는 어떤 세계 속에서 산다는 의식, 그것을 해독할 설득의 문화가 존재하지 않는다는 의식은 그 문제와 관련하여 최종적으로는 과도한 방어 기제들을 사용하게 한다. 조작하지 않은 메시지들과 구분할 수 없는 공격들로부터 스스로를 보호하기 위해서, 이런 현상에 대해 전해 들은 것이 없는 사람은 "사람들의 공동체"를 파괴할 것이고, 이것은 최악이면서도 최선이라고 불릴 것이다.

여기에 현대적인 개인주의의 원천들 중의 어느 하나가, 적어도 개인주의가 오늘날 점점 더 많이 키우고 있는 형태들은 없는가? 우리들 각자는 불신에 의해 그리고 경험에 의해 타인의 영향에 스스로를 가두는 경향이 있다. 이 조작 결과는 대단히 차별적이다. 자신이 영향받도록 내버려두는 (우리 각자는 취약한 어느 부분을 가지고 있다) 가장 약한 자들과 자신들이 처한 상황들을 해독할 수 있는 가장 강한 자들 사이에서, 모든 "중간 계층"은 의식으로는 인식하지만 행동으로는 이해하지 못하는 어떤 영향으

6 Chaïm PERELMAN & Lucie OLBRECHTS-TYTECA, *Traité de l'argumentation, la nouvelle rhétorique*, Éditions de l'Université de Bruxelles, Bruxelles, 1970, p. 18.

로부터 스스로를 보호한다. 우리들 각자는 동시에 이 강자이기도 하고 약자이기도 하나, 이 중간 존재이기도 하다. 중간 존재는 방어하는 데 항상 싫증이 나 있으면서도 포기하는 것을 가끔 부끄럽게 여기기도 하며, 대체로 타자의 영향에 움츠리는 존재이다. 계속 미디어의 도움을 받으면서 미디어를 불신하고, 계속 소비하면서 광고에 무관심하고, 정치판에서 벌어지는 일에 열광하면서도 정치를 거부하는 것은 우리를 역설적인 존재로 만든다. 사회적인 분리를 도달하기 불가능한 이상이 되어 버린 통합의 보증수표로 삼으면서 말이다.

사회적 분리

이런 점 때문에 아마도 새로운 사회관계적인 커뮤니케이션 모델이 성공하는 것 같다. 이 새로운 모델에서 현대 인간은 그가 외부 세계와 교환하면서 받아들이는 정보들로부터 극도로 사회화되면서도 그와 동시에 설득하거나 설득당하기를 거부함으로써 극도로 개인주의적이기도 하다. 특히 미디어를 통해서 정보를 내보내고 받아들이는 것은, 논증하고 설득하며 오늘날 극도의 위험이 활개 치게 하는 이곳에서 조작을 하는 타자의 말에, 알지 못하는 상태에서, 복종하는 자를 혹은 더 나쁘게는 자신이 그런 조작 당사자인 자를 아무것도 구속하지 않는다.

조작 차원에서는 보호적이지만 사회관계를 파괴하는 이런 분리는 낡은 과정이다. 이 과정은 설득과 초사회화가 유례 없이 한자리를 차지하는 이 20세기에 악화된 것이 분명하지만 민주적인 담화가 시작되었다는 점에서, 그 과정의 본질상 매우 현대적이다. 이 과정은 담화가 조작적인 폭력으로부터 해방시킨 것과 민주주의보다 먼저 도래한 전체주의 사회의 파괴를 동시에 동반하는 어느 "미세 분열 논리"의 성격을 띤다.

어느 편으로는, 민주사회들은 전통 사회들보다 훨씬 더 전체주의적일 위험을 안고 있다. 왜냐하면 민주사회들은 타인의 영구적인 시선에 그렇게 조직된 개인을 노출시키기 때문이다. 민주적인 인간은 벌거벗고 있으며 타인에게 대립하기 위한 자기 담화만을 가지고 있다. 개인 담화의 참신성은 아마도 담화의 조작적인 특성과 담화의 상대적 본질을 동시에 발견한 데 있는 것이다. 전체론적인 파괴는 담화를 위한 안정적인 지표들로부터 우리를 고아로 남게 한다. 알랭 르노Alain Renaut는 이 문제에 대해서 다음과 같이 말한다. "이것은 이전 사회들과 비교할 수 없는 이상한 문화이다. 이 문화는 다음과 같은 모습을 보인다. 한편으로는 문화적 개념과 본질적으로 연결된 것처럼 보이는 유산적 개념이 … 이상하게도 줄어드는 것 같고, 다른 한편으로는 개인주의적 사회들의 특수화하고 미세 분열하는 논리 속에서 인식이, 거기에 (공존의 방법으로서의) 문화와 동일한 개념을 여전히 구성하고 있는 것처럼 보이는, 개인보다 우월한 공통 준거들의 공유가 어떠한 새로운 존재 방식을 위해 사라지는 것처럼 보인다."[7]

사회적인 불균형

이 "미세 분열 논리"는 그 문제를 연구했던 연구자들에게 아마도 가장 많은 충격을 주었을 것이다. 토크빌Tocqueville은 이 문제에 "사슬"이라는 은유를 사용했다. 개인주의적 사회에서 그 사슬의 고리들은 그 후로 "분리"되었다. 개인주의 사회들은, 최선이기도 하지만 최악이기도 한, 사회적 불

7 Alain RENAUT, *L'individu, réflexions sur la philosophie du sujet*, Hatier, "Optiques philosophie", Paris, 1995, p. 26.

균형의 모든 형태들을 양성한다. 그 사회적 불균형은 개인들의 자율성이 만들어 낸 대가이다.

개인주의는 실제로 (전체를 가리키는 "전체론"이라는 용어와 관련된) 세상의 질서 속에 있는 어떤 단위를 파괴해 버린다. 개인주의는 근본적으로 어떤 일반화된 분리 규칙을 실행한다. 전체주의 사회에서는 밀접한 상호의존이 인간관계를 계급제도상에서 특징 짓는다. 전체주의 사회의 모델은 루이 뒤몽Louis Dumont이 이미 지적한 것처럼 카스트적 사회이다. 거기서는 각자의 위치가 전통에 의해서 결정된다. 개인에게 우월적 가치를 부여하면 인간들 사이가 분리되고, 뿐만 아니라, 다비드 르 브르통David Le Breton이 다음과 같이 말한 것처럼, 각 인간의 내부에서 인간의 몸과 영혼이 분리된다. "서구 사회들은 몸을 동일성의 근원으로 삼기보다 자산으로 삼았다. 몸과 인간적인 존재를 구분하는 것은 인간적인 개념과 우주적이고 공동체적인 요소 개념에서 후퇴한 결과이며, 인간의 내부에서도 작동된 단절의 결과이다. 서구적 개인주의가 도래한 결과이자 대중적 전통들이 뒷걸음친 결과인, 현대성의 몸체는 개인과 다른 개인 간의 경계를 뚜렷하게 하고, 그 자신에 관한 주체의 울타리를 둘러친다."[8] 이 분석은 개인주의가 우리가 하는 표현들의 가장 필수적인 범주상에서 작동시키는 어마어마한 파괴적인 노력을 제대로 강조하고 있다.

개인주의와 말

일반화된 분리 규칙은 예전에는 그 규칙의 단위 안에 있는 것으로 여겨지던 것에서부터의 분할 작업을 멈추지 않는다. 사람들과 자연, 사람들과 그

8 David LE BRETON, *Anthropologie du corps et modernité*, PUF, Paris, 1990, p. 23.

들 자신의 육체, 사람과 사람 사이의 분리에 우리에게 필수적인 이 요소를 덧붙여야 한다 — 그리고 바로 이 정확한 지점에서 우리는 우리의 일반적인 문제를 다시 만난다 — 그것은 인간과 그 자신의 말이 분리되는 것이다. 다비드 르 브르통은 자신의 말을 예를 들어 설명하려고, 카낙Kanak 노인의 이 놀라운 이야기를 인용한다. 이 노인은 서구적인 가치들이 이 노인의 문화에 가져온 것이 무엇이라고 생각하는지 질문을 받았다. 대답하기를 "당신들이 우리에게 가져온 것은, 바로 몸이요."[9] 마찬가지로 개인주의가 가져온 것은 말이며, 내부에서 튀어나온, (그 말이 미처 그것을 알지 못할 때에) 자동 생산된, 개인적이고 사적으로 이해되는 어떤 말이라고 주장할 수 있을 것이다.

전체주의 사회의 일원이 공동 담화의 대변인에 불과한, 결국 통역자일 뿐인 이곳에서 개인은 자기 말의 저자이다. 그러나 자기 말의 저자라는 것은 곧바로 그 사람으로서는 그 말이 그의 외부에 있고, 마치 그 말이 그에게는 낯선 것처럼 그가 그 말을 바라보고 응시한다는 것을 전제한다. 개인적인 말은 또한 거짓말과 조작, 그 저자와는 영원한 격차가 있는 말이 될 즉각적인 가능성이 있을 뿐만 아니라 타인을 위한 말, 타인에게 맞춰진 말, 논증적인 말이 될 가능성도 있다. 말은 개인주의 사회에서 존재들을 분리시키는 도랑을 뛰어넘는 것이어야 한다. 말은 누군가들로부터 떨어져 나와 다른 누군가들에게 도달할 수 있어야 한다.

바로, 에픽테토스가 창시하고 마르쿠스 아우렐리우스가 대중화시킨, 그리스의 스토아 철학이 이런 불균형을 창시했다. 스토아 철학자들이 삶과 지식의 새로운 이상을 사회에 구축하기 위해 제안한 것이 표현의 도구

9 위의 책, p. 18.

화라는 점은 대단히 흥미롭다. 이 주제에 관한 마르쿠스 아우렐리우스의 텍스트들은 놀랍다. 그 텍스트들은 자기 분열을 인식하는 인간들을 탄생시키기 위해서 사회 집단 속에서 새로 만들어지는 분열을 실제로 처음으로 사용했다. 텍스트들은 마르쿠스 아우렐리우스의 다음 말처럼 사실상의 어떤 발견을 증거한다. "그 표현들을, 그것들을 끊임없이 되살아나게 하는 것은 너의 능력에 달려 있다. 나는 각 사물에 관하여 필요한 생각을 만들 수 있다. 내가 그것을 할 수 있는데 왜 내가 괴롭겠는가? 내 지성의 바깥에 있는 그것은 절대적으로 나의 지성과 아무런 관련이 없다. 그것을 이해하라, 그러면 네가 바로 거기 설 것이다."[10] 또는 아우렐리우스가 "모든 것은 의견일 뿐이며, 의견 그 자체는 너에게 달려 있다"[11]고 말하면서 말의 어떠한 절대적인 상대주의의 가능성을 열 때도 그러했다.

타자와의 관계들을 보는, 근본적으로 다른, 이런 새로운 방법은 한편으로는 표현은 모든 것을 요구한다는 것을 인식하는 데 있고, 다른 한편으로는 자신과 타자 사이에 일종의 보호막을 끼워 두기 위해서 표현을 "가공" 할 수 있다는 것을 인식하는 데 있다. 이런 개념으로부터 개인주의적 사회에서 사회적 관계들의 모체인 삶의 이상이 추론될 것이다. 스토아 철학자들의 제안은 이렇다. 이것은 사회에서의 실질적인 행동 가이드이자 사회 자체의 행동이 창의적인 한 사회를 가리키는 또 다른 요소이다. 그 목적은 개인들을 서로서로 떼어 놓는 것이다. 에픽테토스는 개인을 보존하게 해주는 사회에서 준수해야 할 행동들을 상세하게 기술했다. "그러므로 누군

10 MARC Aurèle, *Pensées pour moi-même*, traduction M. Meunier, Garnier-Flammarion, Paris, 1964, livre VII, II, p. 113.

11 위의 책, livre XII, XXII, p. 196.

가가 너를 화나게 할 때, 너를 화나게 하는 것은 너의 판단이라는 것을 알아라. 그러니 무엇보다도 너의 생각에 네가 사로잡히게 내버려 두지 않도록 노력하라. 한번 네가 시간과 기일을 얻는다면, 네가 보다 쉽게 너의 주인이 될 것이기 때문이다."[12] 말이 위협일 수도 있고 교환일 수도 있는 어떤 상황이 증명하는 것처럼, "자신의 주인이 되는 것"이 바로 개인주의의 핵심어이다.

융합적인 관계 추구

조작하는 말의 무게에 짓눌려 있던 20세기 내내 성장한 이 사회적 불균형의 결과들은 새로운 천 년이 도래하는 시점에서 속도가 빨라졌다. 그중 가장 명확한 것은 공동체적 감정 또는 동일성의 감정을 다시 회고하기 시작한 것이리라. 서로 불신하고 분리된 개인들이 데이비드 쿠퍼David Cooper가 "커뮤니케이션"의 전 단계로 본 "집단"적 상태로 함께 있는 것을 다시 꿈꾸는 것이다. 이 집단이라는 것은 배신과 조작의 가능성이 완전히 배제된 융합적 사회관계를 전제로 할 것이다. 공동체, 전통 사회, 뿌리, 정체성에 대한 향수는 지나치게 불균형해진 개인주의 사회에 대한 반발로 사방으로 침입한다.

이런 맥락에서, 예를 들어, 과거와 반드시 관계가 있지 않은, 다양한 형태로 일어나는 극우의 재부상을 분석해야 한다. 극우는, 그것이 자리 잡은 도처에서, 어떤 융합적인 이상을 제안한다. 외국인을 사회의 주요 골칫거리로 연결하는 그 혼합의 중심 특성은 타자를 쫓아 버리자고 제안함으로써만 존재하는 그런 이상에 뿌리박고 있다. 프랑스의 극우가 이것을 제대

12 Épictète, *Manuel*, traduction M. Meunier, Garnier-Flammarion, Paris, 1964, XX, p. 215.

로 이해했기 때문에, 적어도 초기에는, 외국인이 프랑스인답게 사는 것을 방해하는 존재라는 것을 알리기 위해서, 폭력적이고 증오적인 형태로 일어나는 외국인 혐오 단계까지 이를 필요는 없었다. 그저 떠나라고 요구하면 그만이었다. 외국인이 떠난다는 것은 언젠가는 "자기들끼리" 있을 수 있고, 이 개인주의적 이상이, 루이 뒤몽이 나치즘과 개인주의 사이의 관계들을 쓴 어떤 텍스트에서 대단히 통찰력 있게 밝힌 것처럼,[13] 공동체적인 단계로 전환할 수 있을 것이라는 불확실한 감정을 불러일으킨다. 극우가 제안하는 자기정체성적인 융합은 집단적으로 "자신의 주인"이고자 하는 방법 중 하나다.

이런 자기정체성은 극우를 넘어서서, 조작이 있는, 그 흔적을 발견할 수 있는 도처에서 제대로 작동하고 있다. 이런 기술들에 의존하는 광고는 어떤 공동체라는 것을 찬양하고, "동류 속에 있다"는 것을 찬양하는 방법을 항상 사용한다. 이런 공동체는 소비 공동체이기만 한 것은 아니다. 정체성과 가치적인 공동체를 의미한다. 스튜어트 유웬은 광고가 "자아의 문화 동화"에서부터 작동해서 미국의 사회 심리학자 플로이드 헨리 올포트Floyd Henry Allport가 발전시킨 생각을 전파한다는 사실을 강조했다. 그 생각에 의하면, "우리의 반성적인 의식은 타인들이 우리에게 품은 모든 것을 반영한다. … 내가 나 자신에게 품은 생각은 나의 이웃이 나에 대해 가진 것이라고 내 스스로 상상한 그 생각에서부터 만들어진다."[14] 이런 의미에서, 광고는 바로, 베르트랑 푸아로-델페슈의 말처럼, 대중이 순응하도록 구조적

13 Louis DUMONT, *Essai sur l'individualisme, une perspective anthropologique sur l'idéologie moderne*, Essais, Paris, 1983.

14 Stuart Ewen, 앞의 책, p. 47.

으로 장려하는 "마지막 전체주의 이데올로기"[15]이다.

바로 이런 부분에서 우리는 조작된 담화의 가장 심각한 역설들 중의 하나를 접하게 된다. 조작된 담화는 앞에서 보았듯이 개인적인 자폐를 불러일으키고, 그다음으로 이 개인적 자폐는 향수로 인해서 어떤 융합적인 관계를 욕망하도록 만든다. 그런데 이 융합적 관계라는 것은 설득하기 위해서 정서를 활용하는 행동에 대해 융합적으로 개입하는 기술들로는 결코 만족하지 않는다. 조작을 예고하는 융합은, 이런 관점에서, 스스로를 위해서, 그리고 어느 누구도 아무것에도 참여하지 않는 어떤 세상에서 융합이 무언가에, 그것이 무엇이든지 간에, 참여하고자 불러일으킨 감정을 위해서 추구될 수 있을 것이다. 조작하는 이들이 경험하는 이 쾌락은 이렇게 설명될 것이다. 그 쾌락은 지독하게 개인주의적인 어떤 사회가 태어나게 한 소통적 꿈이 만드는 아마도 가장 타락한 결과일 것이다.

15 Bertrand POIROT-DELPECH가 인용한 François Barré의 말, *Le Monde*, 1996년 12월 18일.

8 약한 저항

왜 조작이 우리 사회에서 그런 자리를 차지했을까? 왜 우리는 그것에 그토록 영향을 받기 쉬운가? 조작이 존재한다는 것은 조작자들이 존재하기 때문이라는 것을 기억하자…. 그러나 이런 사실, 오랫동안 상세하게 관찰할 필요는 없는 이런 사실은 문제의 관점을 바꿀 뿐이다. 관점을 바꾸어 보면, 이 문제는 다음과 같을 수 있다. 어떻게 조작자들이 그들에게 매우 호의적인 환경에서 그토록 쉽게 활동할 수 있는가? 혹은, 보다 더 깊이 생각해 보면, 진정으로 타인의 자유를 침해한다는 분명한 의식 없이, 우리들 중 각자를 어느 순간, 혹은 다른 순간에 조작자로 변신할 수 있게 만드는 그 "환경"이란 것은 어떤 것인가? 따라서 우리는 그 결과들이 참혹할 수 있는 말의 실천에 대한 우리 사회의 그런 약한 저항을 이해하기 위해 애써야 한다.

이유나 원인들을 찾기보다는, 여기서는 조작의 그런 발전과 관계 있을 수 있는 우리 사회의 특성들 중 일부를 살펴보고자 한다. 그중 세 가지를 중요성이 커지고 있는 대략의 순서대로 나열하자면, 그 첫 번째는 우리 사회와 교육 체계가 어느 것도 설득하기 위해 사용되는 방법들에 대한 성찰을 하게 하지 않는다는 사실이다. 설득을 위한 말은 수련, 특히 대학 바깥에서의 수련에 의해 발전하는 것 같다. 두 번째 요소는 인간과 인간의 말을 제어하고 싶어 하는 과학적인 이론들과 설득 분야 사이의 매우 현대적인 만남과 관련된다. 현대 사회에서는 무조건적으로 효율성을 추구하므로 이것은 말의 조작적인 개념에 유리하게 작용한다. 세 번째 요소는 설득하기 위한 말을 운영하는 데 있어서 20세기에 놀라울 정도로 일의 세분화가 일어났다는 사실과 관련된다. 이런 사실은 대체로 책임을 면제해 주고 말의 범람이 일어나게 한다.

수련 없는 실천

사람들은 오늘날 진정한 "설득하기 위한 수련"을 사용하고 있는가? 수련이라는 세상 한가운데에 말의 이런 특별한 차원에 대한 성찰이나 혹은 실습에조차도 주어진 공간이 너무 없다는 사실과 이런 현상이 일으킨 심각함(그러니까 이런 현상이 만들어 낸 일탈들) 사이에 거대한 격차가 존재하지는 않는가? 이것은 설득하기 위해 사용되는 말이 모든 남용들의 대상일 수 있다는 사실과 무관할 수 없다.

숨겨져 버린 어떤 영향력

설득하기 위한 수련은 그렇지만 존재했었다. 과거의 "설득하는 기술"인 수사는, 롤랑 바르트가 사용한 표현을 빌리자면, 2천5백 년 이상 진정한

"제국"을 구성했었다. 우리가 그것에 대해 가지고 있는 기억은 극히 작은 것에 불과하다. 이 문제의 전문가들이[1] 모두 수사가 수련의 중심 요소로서 중요하다고 주장하는데도 불구하고, 우리가 오늘날 이런 수사의 영향을 대부분 잃어버린 것은 놀라운 일이다. 이런 건망증은 우리가 순수하게 정보적이거나 순수하게 본능적인 어떤 사회로 진입한다면 설명 가능하겠지만, 그곳에는 확신이 자리 잡을 여지가 없었고 정확히 반대 상황이 발생해 버렸다.

고전 수사학은 설득하는 이론을 탐색하는 장소이자 교육 내용을 포함하고 있었다. 고대가 우리에게 남긴 수사학 교재들 중 가장 잘 알려진 것들은 아리스토텔레스의《수사학》, 키케로의《웅변가론》, (저자를 알 수 없는)《헤레니우스에게 전하는 수사학》, 퀸틸리아누스의《웅변술》들이다. 이 책들은 어떤 지식에 관한 기초들을 제시했으며, 이 지식은 우리의 수련 안에 여전히 상당 부분 존재하나 보이지 않는, 숨겨진, 그 모습 그대로 판단하기에는 힘든 형태로 존재한다.

수사학은 오늘날 사라져 버린 대륙이지만, 그것의 숨겨진 영향력은 거대하다. 오늘날 우리가 일상적인 실천으로 사용하는 수사 방식들, 정치인들이 사용하는 그것들, 광고업자들이 발견했다고 생각하는 그것들은 옛 설득술 교재에 기술되어 있는 것들이다. 그렇지만 요즘 실천되는 설득의 기초가 되는 설득 이론은 대부분 그 이론 자체에 대해서 제대로 인식하지 못하고 있다.

---

1 Roland BARTHES, "L'ancienne rhétorique", *Communication "Recherches rhétoriques"*, art. cité, Marc FUMAROLI, *L'Âge de l'éloquence*, Albin Michel, Paris, 1994, Pierre GRIMAL, *La Civilisation romaine*, Arthaud, Paris, 1968.

• 수사학의 실종 - 중심적인 존재로서 자리를 잡은 지 2천5백 년 이후, 수사학은 우리의 수련과 기량의 토대를 구축하는 "적절한" 교과목과 공식 교육 프로그램에서 사라져 버렸다. 이런 실종은 앙투안 콩파뇽Antoine Compagnon에 의해 기술되는데, 19세기 말까지 "수사 선생은 고등학교에서 주도적 위치를 차지하고 있었고, 지고의 담화 기술을 가르쳤다"고 한다. 1902년에 수사학은 프로그램에서 삭제되었고 그 자리를 문학사가 차지했다.[2] "논술"이 논증 담화를 대신한다. 학문 교육이 우리가 오늘날 알고 있는 중심적인 위치를 점점 더 차지한다. 설득하기 위한 담화와 논증, 말하기 교육은, 한편으로는, 사회의 다른 부분과 단절된 "상위 문화"로 도피한 문학 엘리트주의와, 다른 한편으로는, 모든 토론 시도를 주술적인 사고와 비합리성의 연옥에 있는 또 다른 토대로 돌려 버리는 과학적 증명의 데카르트적 이상 사이에서 질식한 채로 사라진다.

수사학은 교과목으로서 상당한 손상을 입었다. 사실, 그것은 로마 공화국 말기부터 타키투스가 우리에게 알려준 대로 말이 쇠퇴하는 시기에 문채의 수사로 변신했고, 이것은 문학의 탄생에 기여했다.[3] 수사학이 그 대상이 된 명예 하락은 부분적으로는 수사학이, 옳고 그름을 떠나서, 단지 "웅변술"과 관련되거나 대중을 상대로 하는 발언 연습에 불과하다는 사실과 연결되기도 한다. 하지만 고전적인 수사 수련은 아리스토텔레스 때부터 무엇보다도 담화의 형태 이상으로 논증적인 추론을 연마하는 것이다.

수사학과 대척점에 있는 데카르트주의는 이 분야가 그것의 본질로부터

---

2 Antoine COMPAGNON, *La troisième répubique des lettres*, Seuil, Paris, 1983, p. 41.

3 이 문제에 관해서 Florence DUPONT의 *L'Invention de la littérature*, La Découverte, Paris, 1996을 참고할 것.

재빨리 비워지는 것에 폭넓게 기여한다. 거의 과학적인, 추상적인 이성을 찬양하던 계몽주의의 이상도 어느 지식의 지적인 현장이 근본적으로 사라지는 것에 호의적인 이런 분위기에 편승했지만, 그 지식은 민주주의의 토대들 중 하나를 구성한 것이다.

이런 내부적인 약화와 매장의 결과들은 상상한 것보다 훨씬 더 심각하다. 수사는 이렇게 수련 바깥으로 쫓겨난다(이때부터 이 용어에 비꼬는 의미가 더해진 것이 그 증거이다). 지금부터는 민주주의 체제에서 벌어진 담화 연습과 관련된 결과 세 가지를 구분해서 살펴볼 것이다. 그 결과들이란 담화 연습은 더 이상 교육되지 않고, 그것의 이론은 분해되고 그것의 윤리는 해체되어 버린 것을 말한다.

담화 교육의 부재

우리의 현대 교육 시스템의 어느 부분에서도 학생들, 즉 대학생들로 하여금 설득하기 위한 담화 수단들에 관심을 갖도록 만드는 체계적인 교육을 발견할 수 없다. 논증과 토론 법칙들, 담화 해독하기, 조작 예방법은 수련의 대상이 아니다. 이런 문제가 다른 교과목들을 통해서, 그리고 그것들의 언저리에서 논의되기 위해서는 일부 교육자들의 명확한 인식이 필요하다.

논증과 그 방법들이 교육 프로그램에 가끔 나타나기는 하지만, 이 분야는 대부분 언어학과 문학적인 분석 개념에서 다루어지며, 이런 과목들은 그 문제와는 상당히 동떨어진 다른 시각을 가진 과목들이다. 언어 구조에서 논증이 차지하는 자리는 분명 중요한 여건이기는 하지만, 설득이 오늘날 우리 사회에서 기능하는 방법에 대한 구체적인 이해에 이 중요한 여건이 도달하지 못하는 바람에, 학생들이 그들 스스로는 만들지 않을 어떤 필수적인 관계를 잃게 될 것이다. 학생들에게 정치 토론, 보다 일반적으로는, 사회의 중요한 문제들을 분석하는 것을 가르쳐 줄 가능한 방법들 중 하나일 수 있을 시민 교육은 이 문제에 거의 도움이 되지 않는다.

학생들이 특히 자주 수사학과 마주치는 유일한 지점은 철학 수업인데, 이 수업에서 소크라테스에 대한 찬양을 통해 소피스트들을 비꼬며, 소피스트들을 통해 더 넓게는 수사학을 비꼬는 선생들이 없지 않을 것이다. 일부 철학자들이 수사 문제들을 경멸하는 것이 어쩌면 수사학을 교육과 수련으로부터 내쫓는 데 가장 큰 역할을 한 것인지도 모른다.

대학에서조차 어떠한 교육도 이런 관점으로 진행되지 않는다. 이 분야에서 가장 큰 역설은 커뮤니케이션학과 정보학에 이런 분야가 없다는 것이다. 수많은 교육자들의 노력에도 불구하고 이 학과들은 특히 표현 기술들을 가르침으로써 그들이 담당하는 학생들로 하여금 설득의 본질적인 차원에 관심을 갖게 한다.

설득의 이론적 부재

시민 교육의 중요한 필수 부분이 교육 시스템에서 존재하지 않는다는, 그럼으로써 교육 시스템이 현실 생활과 단절되어 버린 이 놀라운 사실은 교육자들의 부족한 의지 문제로만 설명되지 않는다. 오히려 이 분야의 이론적인 구조와 발전이 부재하다는 것에서 설명될 수 있다. 롤랑 바르트와 잡지 《코뮈니카시옹Communication》을 중심으로 구성된 모임에서 프랑스의 수사학을 되살리려는 시도가 있었지만 처음의 약속을 지키지 못했다. 그렇지만 토론이 활발했던 1960년대라는 그 특별한 시기에 강력하게 탄생했던 이런 생각은 고전 수사학이 코락스부터 타키투스까지 망라했던 그

길을 수년 내에 다시 만들면서, 그 성찰의 출발 지점인 문학의 장으로 빠르게 복귀했다.

몇 단계만 건너가도 거의 알려지지 않은 현대의 이론가인 카임 페렐만의 중요한 연구들과 프랑스의 올리비에 르불과 다른 연구자들의 노력에도 불구하고 수사 연구는 대학 제도 안에 정착하지 못했다. 북아메리카의 상황은 다소 낫다고 하더라도 전반적인 전체 상황은 마찬가지이다. 마치 다른 어떤 사회도 고대 이후로 말을 해방시키지 않았다는 듯이 20세기는 말을 해방시켰음에도 불구하고 고대가 사용했던 방법에는 관심을 잃어버린 듯하다.

윤리적 성찰의 부재

이러한 이론의 체계화와 교육의 부재는 설득과 관련된 모든 실천들이 오늘날 대학의 시각 밖에서 발전하는, 보다 일반적으로는 수련의 영역 밖에서 발전하는 결과를 초래했다. 조르주 귀스도르프의 말처럼 대학을 고등교육과 혼동해서는 안 된다. 그렇지만 대학은 부분적으로는 우리가 개척했던 어떤 중요한 기능을 가지고 있으며, 이 기능은 (단지 지식의 재생산뿐만 아니라) 지식과 지식의 생산에서 독립성을 보장하는 것이다. 이 독립성은 윤리적인 형태를 띠며, 아마도 이것이 대학이 스스로 우월한 가치를 지니는 유일한 윤리일 것이다.

그런 시각과 보호 장벽이 없는 상태로 수많은 설득 이론들이 20세기 내내 빛을 보았다. 이 이론들은 대학 밖에서 제공된 수많은 교육들과 연결되었다. 대부분의 이런 이론들은, 이것은 우연이 아니지만, 매우 조작적인 내용으로 구성된다. 우리는 이전 장에서 그 실천들이 자연적으로 생겨난 것이 아니라는 것을 확인했다. 그 실천들은 대부분 그 반대로 소피스트적 이론들에서 시작된 연구와 체계화에서 생겨난 것들이다.

PNL(신경언어프로그래밍)이 이와 관련된 명확한 사례이다. 이 분야는 전적으로 대학 밖에서 발전했고 다양한 시장에 적용되는, 특히 정신요법과 기업 커뮤니케이션에 적용하기에 적절한 "이론들"을 생산했다. PNL이 내세우는 이론들의 목적 중의 하나는 사실 효율적인 기준을 바탕으로 그런 다양한 분야들이 지향하는 목적에 직접적으로 들어맞는 지식들을 생산하는 것이다.

PNL 이론들의 일부는 교육적인 시스템을 구성하며 이 지점에서 PNL은 고유의 독립성을 갖는다. "지도자들"이 교육자들을 교육하고, 이 교육자들은 다시 다른 사람들을 교육한다. 교육자들은 기업체나 정신치료 전문의들에게 비싼 값에 팔리는 다양한 교육들을 제공하고, 후자들은 그들 나름대로 그것으로부터 어떤 이윤을 얻기를 기대한다. 원칙적으로 이런 영향들로부터 보호를 받는 대학과는 달리, 이런 형태의 지식은 상품이 되는 여러 단계에서 변형된다. 이런 현상은 곧바로 설득이 그것에 관심이 있는 사람들 손에서 설득이 갖는 가장 조작적인 측면으로 귀착되는 결과를 만들어 낸다.

효율성과 인간에 대한 도구적인 개념

이전 장에서 분석한 조작 과정들이 갖는 주된 특성들 중 하나는 효율성의 추구와 관련이 있다. 이 목표는 설득하려는 행위에서 좀더 확실성을 담보하는 방법들을 끌어오기 위해 단순히 논증일 수 있는 것을 우회하게 한다.

이런 약속이 실현되는지 아닌지 아는 문제는 지금은 한쪽에 미뤄 두자. 이 질문에 대한 답이 무엇이건, 효율성과 설득이라는 주제가 만나는 것은 이런 연합의 적절성 안에서 확신의 이름으로만 가능하다. 이런 확신은 20세기의 특성인, 인간에 대한 어떤 도구적 개념이라고 우리가 부르는 것 안에서 주로 뿌리를 내린다. 그 확신의 뿌리들이 과거에 더 폭넓게 연장되었더라도 말이다. 그 개념은 또 다른 것들의 만남에서 큰 덕을 보았는데, 이 만남은 말의 실행과 인간적인 그리고 정밀한 과학들 사이에서 일어난 만남이다.

과학적인 방법은 르네상스 이후로 수사학을 토론과 토의의 방법으로 그 가치를 하락시켰다. 데카르트는 사람들이 토론할 수 있는 것은 (증명에 비해) 절대적으로 잘못된 것이라는 확신으로《방법서설》을 시작한다. 그러나 과학은 대다수의 사람들에 의해서 명확하고 정확한 지식들을 생산하는 분야들을 제외하고는, 아직도 설득하기 위한 "이성적인" 방법들을 발견하지 못했다. 과학이 모든 것의 규칙을 정하리라고 기대하는 경우를 제외하면—환상은 질긴 생명력을 가지기 마련이다— 논증적인 담화는 명예가 실추되었지만 그 무엇도, 적어도 과학적인 관점 안에서는 그것을 대체하지 못하고 있다.

이런 분위기 속에서 조작기술들이 정신분석과 심리학, 행동과학, 생물학에 동시에 영향을 미치게 된다. 과학들에게 (그리고 전문가로서의 과학자들에게) 요청된 세 가지의 큰 흐름을 추정할 수 있다. 첫 번째 흐름은 파블로프의 연구에 이어 1930년대에 일어난다. 이 연구들은 조작기술자들에게 오늘날까지도 상당한 영향력을 행사하게 된다. 두 번째는 1950년대에 일어나는데 프로이트의 정신분석이라는 격이 떨어지고 통속화된 형태를 연출한다. 끝으로 1980년대 유럽에서, 미국에서는 이보다 조금 더 일찍, 행동주의적 기술들이 가끔 "커뮤니케이션 기술들"이라는 이름으로 당당히 입성한다.

파블로프적 수련

실험실에서 진행된 연구들을 넘어서, 파블로프가 분명히 한 것은 행동들을 완전히 조작할 수 있다는 사실이다. 차코틴은 이에 대해 다음과 같이 열성적으로 말한 바 있다. "조건반사 이론이 … 인간과 동물들의 행동 형태의 모든 복잡성을 이제 설명할 수 있다는 것을 우리는 이렇게 알게 되었다. 그러나 행동의 메커니즘들을 이해한다는 것은 이것들을 자유롭게 조종할 수 있다는 것을 의미한다. 이제부터는 사람들의 반응을 미리 정해진 방향으로 유도할 수 있는 것이다."[4] 그 후로 어떤 시도에 몸을 던지고 싶어 하는 모든 이에게, 그 목적성이 무엇이든지 간에, 그 문이 활짝 열렸다.

이러한 평가는 물론 정밀과학들이 주도한 투쟁의 맥락 안에 자리 잡은 상태에서 인간의 행동을 완전하게 설명해야 한다. 그 광적인 과학만능주주의 지지자들이 정치 생활과 사회 생활의 영역에서 인간의 행동에 영향을 미치는데, 실험실에서보다 더 간단하게, 효과적으로 성공하는 것보다 어떤 더 멋진 증거를 제공하겠는가? 수사학은 결국 문인들과 철학자들의 손으로부터 뿌리 뽑힌 채 "정밀" 과학들의, 전반적으로 승리한, 판테온과 합류할 것이다. 그런 환상이 차코틴의 정신을 관통한다. 차코틴은 효과적인 방법들로 주장된 진실한 가치들, 적어도 그가 믿은 그것들을 몹시 보고 싶어 했다.

---

4 Serge TCHAKHOTINE, 앞의 책, p. 54.

이 이론의 장점은 이성이나 의미에 대한 인간의 말에 속하는 모든 것의 근본적인 변화를 제안함으로써 우리를 마음 깊숙이 지배하는 큰 정서에만 열중하고, 그 정서들에 적절한 행동이 의지함으로써 어떤 새로운 취향을 불러일으키거나 어떤 의견을 공유하게 한다. 그 현대적인 과학 덕분에, 아리스토텔레스가 수사학의 단단한 핵으로 삼았던 논증을 사람들은 이처럼 교묘히 피해 갈 수 있다. 그 과학이 1930년대에 활동을 시작한 담화 기술자들에 의해서 대중화된 형태로서만 알려지기는 했지만, 파블로프의 이론은 그 후로 그들의 이론적인 장치이며 현대적 소양의 일부를 구성하게 된다.

미국 상공회의소가 1956년에 발간한 잡지의 어느 기사를 보면 이런 차원에서 정치가 그런 현대적인 방법들 덕분에 새로워졌다는 것을 깨닫게 된다. "그 두 정당들은 상업이 상품들을 팔기 위해서 공들여 고안한 방법들로 정당들의 프로그램과 후보들을 광고할 것이다. 그 방법들은 사람들이 호소하는 감정들에 대한 과학적인 선택과, 재치 있는 반복 표현으로 구성되어 있다 … 지지자들은 더 이상 거리에서 깃발을 흔들지 않을 것이고, 그 대신에 자원자들이 대문의 벨을 울리고 전화를 할 것이다 … 라디오는 의도성 짙은 강력한 표현 구문들을 반복할 것이다. 선전 벽보들은 확실한 힘을 가진 구호들을 끊임없이 반복할 것이다. … 후보들은 좋은 목소리와 올바른 발성법뿐만 아니라 "텔레비전에서 진실하게" 보이도록 할 수 있어야 한다."[5] 파블로프가 바로 거기서 재발견되는 것이다!

"파블로프적 수련"이라고 불리는 것은 그때부터 전 연구 분야로 이어져, 20세기 초에 존 B. 왓슨John B. Watson에서부터 1950년대의 버허스 F. 스키너Burrhus F. Skinner까지 다양한 이른바 행동주의적 이론으로 시작한

5 Vance PACKARD, 앞의 책, p. 175에서 인용

다. 스키너는 "작용 조건화", 즉 과정 중에 발생하는 처벌과 보상을 통해서 한 개인에게 구성되는 행동이라는 개념으로 그 패러다임을 세련되게 다듬는다.

인간에 대한 이러한 접근은, 드러나는 것이 무엇이건 간에, 밀접하게 관찰되는 것에 한정하고 나머지는 한쪽으로 제쳐 두는 것을 의미한다. 특히 존 B. 왓슨이 처음 시작한 그 패러다임은 오늘날 그 방법들에서 비롯된 것으로 보이는 교육 실습들에까지 이어지고 있다. 이와 관련하여 마르크 리셸Marc Richelle은 약간은 순진하게도 이렇게 말한다. "조건화에서 영감을 얻은 교육법들이 추상적인 심리적 실체나 정신적인 능력들과 관련된 참고물들을 의도적으로 지적 수련에 대한 설명에서 제외시킨다는 것을 유념해야 한다. 이것은 기억, 주의력, 성찰, 수학적 영감, 창의성과 같은 개념들로 거기에 명확하게 분석된 정확한 행동들이 보고되지 않는다면 이것들은 아무런 의미가 없으며 교육에서의 출발점이 될 수 없다."[6]

그 후로 수많은 조작 이론들이 파블로프가 문을 연 이 패러다임에서 생겨난다. 우리는 앞에서 일부 조작기술들은 PNL이 사용하거나 정치 선동꾼들이 사용하는 기술들이며, 이것들은 실험실에서 연구된 결과는 아닐지라도 적어도 그것의 대중화된 버전에서 직접적으로 영감을 얻었다는 사실을 확인했다. 그 핵심은 조작자들이 많이 가지고 있는 생각으로, 사람들의 어떤 반응을 구성할 수 있고, 그 반응을 결정적인 어떤 의미로 유도할 수 있다는 생각에 있다. 이런 생각은 이미, 적어도 경험적으로는, 많이 알려져 있었지만, 파블로프는 여기에 과학적인 근거를 제공했고, 이를 통해 성공을 보증했다. 파블로프의 이런 관점에 의지하지 않는다면 대부분의 현대

6 Marc RICHELLE, *Encyclopaedia universalis*, "조건화Conditionnement" 항목, Paris, 1995.

광고들은 아마도 존재하지 않을 것이다.

1950년대 — 동기 연구

1950년대에는 실무에, 특히 정치인들과 광고업자들에게 제대로 적용된 이 유산을 부정하기는커녕, 대학에서 가르치던 학문들, 특히 사회학과 정신분석으로부터 또 다른 도움을 얻게 된다. 이 학문들의 대중적 버전들은 그때부터 대중들과 접촉하게 된다. 정치적인 행동은 특히 미국에서 새로운 담화 기술자들이 개입하면서 근본적인 변화를 맞게 된다. 다음은 밴스 패커드의 말이다. "그들은 거기서 성공을 거두었다. 그들은 파블로프의 생각과 그의 조건화된 성찰로부터, 그리고 프로이트와 그의 아버지의 이미지들로부터, 리스먼과 현대 미국 유권자들을 정치 분야의 관중-소비자들로 여기는 그의 아이디어로부터, 바텐Batten과 바르톤Barton, 그리고 더스틴과 오본Durstine & Orbon과 그들의 광고학으로부터 영감을 얻었다."[7]

광고업자들과 공적 관계 조언자들이 의지하는 주요 이론은 "동기 연구"라고 불린다. 밴스 패커드는 공공 관계의 조언자들을 진정한 의식 조작자로 생각했다. "상품에 대한 우리의 태도를 전의식과 잠재의식 수준에서 탐구하는 것은, 새로운 과학으로서, 동기 유발 연구나 분석이라는 이름으로 현재 알려져 있다 … 그것이 인쇄물의 형태로 가장 처음 나타난 것들 중 하나는《저널 오브 마케팅Journal of Marketing》의 1950년 4월판에서이다."[8]

광고 분야뿐만 아니라 정치 분야에서, 의식에 관한 개입적인 이러한 새로운 형태를 지지하는 선구자들은 동기연구소 소장인 에르네스트 디히터

---

7 Vance PACKARD, 앞의 책, p. 170.

8 위의 책, p. 29.

Ernest Dichter와 색채연구소 소장인 루이스 체스킨Louis Cheskin이었다(연구소의 이름과 관련하여 체스킨은 이 연구소는 상품들의 "색깔"을 넘어서 모든 종류의 연구와 조사를 신중하게 수행한다고 직접 말하곤 했다). 에르네스트 디히터는 커뮤니케이션 분야에서 잘 알려진 사회학자이자 미국 컬럼비아 대학의 응용사회학연구소Bureau of Applied Research의 창립자인 폴 라자스펠드Paul Lazarsfeld의 제자이다. 응용사회학연구소는 상품에 관한 수많은 연구들을 수행했다. 아르망 마틀라르Armand Mattelart와 미셸 마틀라르Michèle Mattelart가 "대학 기관과 민간 연구의 교류는 끊임없이 계속된다."[9] 라고 강조한 것처럼 말이다.

새로운 분야에 대한 그 전문가들의 목표는 분명하다. 패커드에 의하면, "디히터 박사는 어느 산업이건 간에 가장 중요한 문제는 그 상품에 적합한 심리적인 유혹 방법을 알아내는 것이라는 사실을 분명히 한다."[10] 거기에 "그 설득 전문가들의 작업은 미국의 공공 관계 노조 대표가 동료들에게 '우리가 하는 일은 정신들을 가공하는 것이다'라고 한 연설에서 빛을 발했다"[11]라고 덧붙인다.

RM(동기 연구) 이론가들 중 가장 많이 인용되는 저자들은 프로이트, 라이시, 파블로프, 코지프스키, 화이트헤드, 뒤르켐, 왓슨이다. 설득을 하는 이 새로운 직업의 특성들 중 하나는 그것들이, 한편으로는, 그들의 실천을 정당화하고, 다른 한편으로는, 그 실천들을 제대로 인도하는 하나의 이론적 지식을 구성하는 것이다. 이런 생각에서 그 직업들은 인문과학과 심

---

9 Armand과 Michèle MATTELART, *Histoire des théories de la communication*, La Découverte, "Repères", Paris, 1995, p. 27.

10 Vance PAKARD, 앞의 책, p. 35.

11 위의 책, p. 10.

리학, 사회학에 도움을 요청했다. 그 분야의 지식이 특히 돈벌이가 되므로 그 분야의 일부 연구자들은 더욱더 적극적으로 그 게임에 동참할 것이다.

1980년대 — 신행동주의

노버트 위너Norbert Wiener는 1948년에 그가 "인공두뇌학"이라고 부른, "커뮤니케이션학"이라는 새로운 학문 분야를 만들었다.[12] 이 개념들의 상속자인[12]파울 바츨라비크Paul Watzlawick가 이후에 말한 것처럼, 사람들은 이 "과학"에 근거하여 "모든 것은 커뮤니케이션"[13]이며 커뮤니케이션은 "피드백"이나 "블랙박스", 인풋과 아웃풋과 같은 기술적 개념을 통해 형식화될 수 있다고 생각한다. 이 새로운 이론들은 전쟁 전에 분명히 행동주의와 같은 계열에 속했으나, 그 분야는 새롭게 변신한다. 그 이론들이 정밀과학(예를 들어, 정보과학과 인공지능)과 생물학 분야뿐만 아니라 인문과학과 정신 요법과 행동 개입의 광대한 영역에 속하는 수많은 과학적 흐름에 영향을 미친 것이다. 그것들은 소위 팰로 앨토Palo Alto[14]와 특히 파울 바츨라비크 학파 지지자들에 의해서 대거 대중화된다. 파울 바츨라비크는 "행동 재배치" 기술들에 관한 여러 연구물을 남겼다.[15]

이런 흐름에 영향을 받은 기술들 중에서 PNL(신경언어프로그래밍)이 아마도 가장 대표적이다. PNL을 정립한 사람들 중 하나인 존 그린더John

---

12 이 문제와 관련하여 우리의 연구물, *L'Utopie de la communication*, La Découverte/Poche, Paris, 1997를 참고할 것.

13 Paul WATZLAWICK, *Une logique de la communication*, Seuil, Paris, 1976.

14 (옮긴이 주) 미국 캘리포니아주의 실리콘 밸리가 조성된 도시.

15 Paul WATZLAWICK, *La Language du changement, éléments de communication thérapeuthique*, Seuil, Paris, 1980; Paul WATZLAWICK, John WEAKLAND와 Richard FISCH, *Changements, paradoxes et psychothérapie*, Seuil, Paris, 1975.

Grinder에 의하면, PNL은 "커뮤니케이션 도식들을 강조하면서 인간의 우수성에 관한 일련의 모델들을 개발했고, 특수한 능력들을 밝히고 체계화하기 위한 방법들을 발견했다. 이 특수한 능력을 통해서 최고의 소통 전문가들은 그들의 목적을 성취하게 된다."[16] PNL의 기술들은 그것이 심리요법에 적용되든지, 아니면 판매나 협상이나 "개인적인 발전"에 적용되든지 간에 같은 방식으로 사용된다.

PNL은 그 추종자들에게 "커뮤니케이션 수준들"에 서서히 도달하라고 제안한다. 그 커뮤니케션 수준으로 "연결되는 것에 그들은 만족감을" 느끼고, "아주 일부의 사람들만이 거기에 도달한다." PNL은 수많은 "기업 커뮤니케이션" 교육가들에게 영향을 미칠 것이다. 그 기원이 항상 분명하지는 않은, 그 원칙들은 20세기에 설득을 행하는 광범위한 업무 분야에서 커뮤니케이션을 담당하는 사람들의 수련의 일부가 될 것이다. 수많은 그 행동적 실천들은 매우 조작적이다. 그 조작적인 실천들 중에서 대부분은 타인의 행동을 수정할 수 있고, 변형의 대상이 되는 사람들이 의식하지 못한 상태에서 그런 변형들이 이루어질 수 있다는 생각에 근거한다. 이 부분에서 다시 한 번 우리는 조작자들이 사용하는 우회의 주제와 마주치며, 그들은 이를 통해서 토론과 논증을 회피한다.

수많은 조작기술들이 심리치료 분야에서 사용된다는 사실을 통해 우리는 그런 기술들을 사용하는 것이 세상의 가장 선한 의도에 속할 수 있다는 사실을 잘 알게 된다. 조작의 주체와 그 의도들은 반드시 "악"에서 나올 것이라는 사실로 담화 조작을 정의하는 것은 사실 얼마나 단순한가? 수많은

16 John GRINDER, Genie LABORDE의 저서 *Influencer avec intégrité*, Interéditions, Paris, 1987의 서문.

조작적인 실천들이 타인의 행복이라는 이름으로 활동하고 있다.

과학주의의 발아

1950년대는 새로운 패러다임의 출현을 목도하고, 그 패러다임의 한 가운데에서 점차로 인간을 "정보를 다루는 기계"로 표현한다. 이 새것은 완전히 이성적이고, 그 새것의 이미지에서 현대의 컴퓨터가 고안된다.[17] 이것은 인간에 대한 이런 도구적 개념을 강화할 것이고, 오늘날의 문화 양식은 점점 더 그런 개념에 빠져든다. 그 어느 때보다도 더 인간은 자신이 처한 환경 속에서 인풋과 아웃풋을 교환하는 정보적인 한 존재, 이성적인 한 개인일 뿐일 것이다. 인간은 그때부터 자극에 어떻게 반응하는지 아는 것만이 중요한 어느 이상적인 마케팅의 "목표"가 된다.

이런 과학주의의 전례 없는 발아는 결과적으로 순수하게 기능적이고 이성적인 담화 표현을 이끌어 낸다. 인공두뇌적인 신행동주의적 패러다임이 발생할 때부터, 어느 생각 하나가 여러 분야에 순식간에 퍼진다. 그것은 인간의 언어는 물론 복잡한 그러나 그 비밀들을 빨리 뚫을 수 있는 하나의 코드일 뿐이라는 것이다. 인간의 언어는 그 열쇠를 마음껏 사용할 수 있다면 마음대로 조종할 수 있는 정보로 단순화될 수 있다는 믿음 속에서 정보처리 기술자들이 지대한 역할을 담당할 것이다.

이런 개념은 조작기술들을 사용하고 조정하는 것에서 직접적으로 생겨난 것이 아니다. 더 이상 파블로프의 기술들은 사용되지 않는다. 그렇지만 이 개념은 인간관계들, 특히 설득을 목적으로 하는 인간관계들은 당사자

---

17 이 주제는 우리의 연구 *À l'image de l'homme, du golem aux créatures virtuelles*, Seuil, Paris, 1995에서 논의되었다.

들의 이익을 위해서 제한 없이 도구화될 수 있다는 생각에 완전히 호의적인 분위기를 만들어 냈다.

이런 개념 형태가 빠르게 전개되는 분야들 중 하나가 "기업 커뮤니케이션"과 "노동관계"이다. 사회학자 장-피에르 르 고프Jean-Pierre Le Goff는 경영 도구에 관한 연구물에서 기업의 세계가 오늘날 어떻게, 사람들이 그 좋은 방법을 안다면, 그들이 쉽게 취할 수 있을 투명하고 이성적인 말에 대한 환상에 사로잡히게 되었는지 잘 설명해 준다. "행동에 관한 이 모든 목공들의 말을 듣기 위해서는, 한 개인이 자기도 모르는 사이에 행동하도록 하기 위해서 어떻게 그 개인을 정확하게 자극하는지를 아는 것으로 충분할 것이다. 그의 신비스러운 외모에도 불구하고, 이 인간이라는 기계보다 더 단순한 것이 무엇이 있을까? 그것의 부품들 각각이 어떻게 작동하는지 정확하게 관찰하고, 그것들을 상세히 검토하고, 그 구성이 화살표로 상징화된 총괄적인 표 하나로 모든 것을 요약할 수 있다. 지각과 감정들을 완벽하게 정리한 리스트를 만들 수 있으며 그것들을 표로, 곡선으로 표현할 수 있다."[18] 르 고프는 그 다양한 "교육 연수들"을 다음처럼 묘사한다. 그 교육 연수에 기업체 임직원들이 대거 복종하고, 조작과 조작기술들이 발달하기 매우 유리한 도구로 간주되는 그런 수련이 확산하는 곳이며, 교류 분석과 기타 다른 방법들과 PNL을 기반으로 하는 곳이다.

아무리 그 이론들이 과학에 기초하고 있다 하더라도, 그러한 시도에 근거를 제공하는 이론들은 도를 넘어서는 일반화나 확대 적용일 뿐이다. 커뮤니케이션 인류학자인 이브 윈킨Yves Winkin은 PNL이 표방하는 주장을

18 Jean-Pierre LE GOFF, *Le Mythe de l'entreprise*, La Découverte, Paris, 1992.

“지적으로 사기치는” 과학성이라고 규정하기까지 했다.[19] 그 이론들은, 우리가 앞에서 확인한 것처럼 대학 밖에서 발전했고 특히 기업체와 사적 영역의 세계에서 받아들일 수 있는 유일한 지식이 되었다.

면책해 주는 분업화

현대 사회에서 설득을 목적으로 하는 메시지가 그 생산자로부터 청자에게 전달되는 과정은 점점 더 분화된다. 이와 관련하여 고대 웅변가는 (그 유명한 고대인들의 창안과 같은) 논증을 구상하는 것에부터 형태를 다듬고 대중에게 전달하는 것까지 모든 역할을 담당했으나, 그런 일이 새롭게 분화됨으로써 점점 더 특수화되어 갔다. 옛 그리스인들은 웅변가에게 광장에 서서 판사나 시민들 앞에서 소송을 제기하고 본인이 직접 나타날 것을 요구했다(변호사라는 직업은 나중에 출현했다). 오늘날 말하는 사람이 그것을 전적으로 말하거나, 부분적으로라도 말하는 경우는 드물다. 이런 상황으로 인해서 메시지를 구상하는 사람이 그것을 담당하는 지위에 있지 않은 경우가 많다. 일이 이처럼 분화되는 결과들은 다른 분야보다 커뮤니케이션 상황에서 훨씬 더 많다(사회생활과 관련된 활동에서 일이 분화되지 않는 경우는 오늘날 매우 드물다).

20세기에는 설득 분야에서 수많은 새로운 직업들이 자리 잡는다. 초기에 이런 직업들은 평판을 만들어 내거나 “인간관계를 숙달”하는 분야에서 특히 특성화된다. 그 후 1980년대에 들어서 기업체에서, 그다음 공공 기관들에서 커뮤니케이션을 전문으로 하는 실제적인 서비스들이 생겨난다. 커

19 Yves WINKIN, “Éléments pour un procès de la PNL”, *MédiAnalyses*, n 7, 1990년 9월, pp. 43-50.

뮤니케이션 지도자라는 인물은 따라서 기업체들의 상상 속에서 확고하게 자리 잡는다. 1993년 수행된 어느 연구에서는 프랑스에서 5천 명 이상의 직원을 보유한 거의 모든 회사들이 커뮤니케이션 서비스를 사용하고 있고, 그 직원들 중 절반에 해당하는 숫자는 1985년 이후에 고용되었다는 사실을 보여 주고 있다.[20]

다중 필터들

그러므로 설득하고자 하는 행위는 여러 부분으로 나뉘게 되고 많은 필터를 통과하게 된다. 한 정치인의 메시지는, 예를 들어, 조언들자들과 공동작업으로 만들어지고, 커뮤니케이션 전문가들에 의해서 손질된다. 그들은 메시지를 "편집"하고 그것을 각색하며, 대중에게 하향 전달되는 과정 내내 그 메시지는 수많은 종류의 중개자들, 특히 기자들에 의해서 확대된다.

결국 메시지는 커뮤니케이션학에서 오래전부터 증명되어 온 과정에 의해서 군소 견해자들의 품으로 갔다가 대중들에게 재분배될 것이다. 신규 설득 전문가들은 한 메시지가 미디어로부터 겪을 불확실한 변형들을 예상해야 한다(아주 단순하게, 예를 들어 메시지가 글자 그대로 묻히고 싶지 않다면 다른 중요한 사건이 벌어진 날에는 기자회견을 계획해서는 안 된다). 전문가는 메시지가 어떤 배경에서 수용될지 그 배경을 알고 있어야 한다(과속 사고로 트라우마를 앓고 있는 마을에서 고속 자동차 선전 캠페인은 하지 않는 법이다).

커뮤니케이션 전문가는 내다보는 눈이 있어야 할 것이다. 즉 비록 그 자

20 Christophe GILLOIRE,"Communication et travail en entreprise, limites des approches scientifiques", 사회과학 DEA 논문, universite Paris-I- Sorbonne, 1996.

신은 전체 과정 중에 작은 자리만을 차지하고 있더라도, 그 전 과정을 예상하고, 예견하고 반응해야 한다. 바로 이런 이유로 그 전문가가 기계의 어떤 단순한 부품을 넘어서는 그 이상인, 정치인이나 지도자인 생산자의 측근인 조수나 조언자라고 주장하는 것이다. 전문가는 절대적으로 그들의 신임을 받고 있어야 한다. 그는 무엇보다도 경청하는 자여야 한다. 간단히 말하면, 커뮤니케이션 전문가는 생산자들과 중개자들 사이에 끼어 있더라도 유리한 요직을 차지하고 있어야 한다.

그 신임 설득 전문가들의 입장은 산업 디자이너의 입장과 비슷한 부분이 없는 것은 아니다. 디자이너는 상품의 대중 수용에 관한 자신의 예상에 따라서 스스로 자신의 생각을 구상하고 싶어 한다. 광고업자들과 마케팅 전문가들은 미리 상품들의 구상에 참여하며, 이것은 상품들을 현실적이거나 예상되는 기대에, 광고 메시지에 의해서 가장 자주 확대되는 기대에 더 적합하게 만들기 위해서이다. 정치 커뮤니케이션 조언가들은 (최선이건 최악의 경우이건 간에, 1997년 6월에 실시된 프랑스 총선에서 확인한 바대로) 정치인들의 프로그램에 영향을 미치는 것을 주저하지 않으며, 일종의 "아래로 가는 길 안내" 전문가가 되는 것을 주저하지 않는다.

그때부터 효력을 발휘하는 자들이고자 하는 욕망이 커진다. 홍보전문가들은 적합한 기술을 가진, 불확실성을 줄이는 자들이라고 자주 자처한다. 그들이 따라서 어떤 이중적인 수련을 행하는 것은 드문 일이 아니다. "그 분야의 현실들"과는 맞지 않다는 것을 자주 경험한 그들의 대학 교육은 어떻게 해서라도 효율성을 추구하고자 하는 어떤 전문적인 수련을 겸하고 있다. 따라서 이 직업들은 조작 유혹에 가장 취약하다.

분업화는 또 다른 결과를 발생시킨다. 그것은 커뮤니케이션 전문가들 사이에서 그들은 단지 도구만을 사용하고 있고 그 도구들로 인한 활용에는 책임이 없다는 믿음을 만들어 낸다. 그런 분리는 방법 차원에만 머물러 있는 사람들에게 모든 윤리적 제약을 면하게 해 준다. 도구들로 전제되는 "중립성"은 여기서 목적의 윤리와는 다른, 방법의 윤리가 무엇일지 깊이 생각하지 않게 한다. 다른 의미에서, 결정자들과 지도자들은 관점을 발전시키고 제품들을 개발하라고, 그들에게 제공된 도구들에 그들은 책임이 없다는 사실 뒤로 숨기 일쑤이다. 실제로, 분업화라는 보호막 아래 윤리적인 부분을 전반적으로 면책해 주는 조직화가 자리 잡는 것을 보게 된다.

미디어의 역할

미디어 전문가들이 전달하는 발언이 무엇이든지 간에 그 발언들이 보호받는 방식에 대한 고려 없이 그것들을 전달하면서 "자기들의 직업을 수행한다"라고 주장한다면, 그들은 이 축소된 지위를 면치 못한다. 영화감독 장-뤽 고다르가 신문 잡지의 공정성이란 히틀러와 유대인들에게 똑같이 1분씩을 할애하는 것이라고 교묘하게 말한 것처럼 말이다. 미디어는 "중립적이라는" 믿음 위에 기반한 직업 이데올로기와 분업화라는 이름으로 최근 몇 년 동안 프랑스의 대중 사회에 크나큰 참화를 불러일으킨 외국인 혐오가 뒤섞인 생각들을 가장 탁월하게 배포하는 역할을 했다.

여기서 (그 도구들은 중립적이며 그것들은 어떤 특정한 윤리적 평가에 복종해서는 안 된다는) 중립주의적인 믿음과 언론의 필수적인 객관성을 혼동해서는 안 될 것이다. 언론의 객관성은, 기자들이 중개하는 메시지들의 내용에 관한 것이 아니라, 그 메시지들을 전달하는 데 사용되는 확신과 설명적 방법들의 특성에 관한, 여론을 밝히는 가이드의 역할을 해서는 안

될 것인가? 중개자들이 그것의 증인이기도 한, 표현의 자유에 대한 존중은 공적 공간에 전파된 메시지들의 공명정대함을 존중하게 만든다. 표현의 자유는 의견이 존중될 것이라는 것을 전제하기도 하지만, 미디어에 의해서 전달된다는 사실로 인해서 어떤 정당화의 이름으로도 알지 못하는 조작적인 방법들이 만들어 내는 결과들이 확대되는 것을 자발적으로 내버려두지는 않을 것이라는 것을 전제하기도 한다.

중개인들이 의식적으로 조작적인 메시지의 중개인인 경우도 있다는 이 첫 번째 취약함에 더하여, "루마니아 혁명" 소식을 처리하면서 겪은 방황 이후로 언급되는, 중개자들이 항상 조작을 인지하고 있는 것은 아니라는 사실이 추가된다. 이때 중개자들은 그들 자신이 조작의 대상이 된다.

우리가 방금 살펴본, 말의 조작에 저항을 하지 못하는 취약한 세 가지 근원은 서로 관련이 없지 않다. 효율성에 대한 숭배는 말이 더 이상 기준을 갖지 못하고, 결국은 모든 말이 별 차이가 없는 어떤 세계에서 번성만 할 뿐이다. 윤리적인 성찰은, 그것이 말과 언어의 결과에 대한 기술적인 지식에 의존한다면, 말과 그것의 순환에 크나큰 책임이 있는 모든 사람들에게 그런 기준들을 제공한다. 아마도 20세기에 특성화된 이런 미약한 저항은 조작과 조작기술들의 이미 파괴적인 결과들을 확장시킬 것이다.

9 말의 규범들

조작에 맞서서 무엇을 하는가? 우선 왜 조작에 맞서는 무언가를 해야 할까? 두 가지 핵심적 이유는 조작 없이 산다면 모든 것을 얻을 것이고, 그것에 전념하려 하면 모두 잃을 것이라는 우리의 확신에 힘을 싣는다. 그 첫 번째 이유는, 이 책의 서두에서 강조했듯이 조작은 민주주의를 위협하기 때문이다. 그 단순한 존재가 민주주의의 기반을 무너뜨린다. 그 정치체제에 가장 중요한 요소인, 말의 자유를 빼앗기 때문이다. 조작은 민주주의 체제에서, 조작이 열어 젖히는 여론을 얻는 방법들, 민주주의를 무너뜨리는 방법들만을 아는 자들을 위해 가장 자주 발생한다. 의식적인 자유를 빼앗는 방법들을 사용하는 것과 자유를 침해하는 가치들이 정확히 들어맞는다. 그 가치들이 그 방법들을 이끌기도 한다. 조작이 자유를 침해할 의도가 없을지라도, 가장 너그러운 제안은 방어를 위해 그런 방법을 사용할 것을 받아들임으로써 변질된다. 이유의 정당함이 방법의 비열함을 없애지 못하는 것이다.

우리로 하여금 조작 유혹으로부터 거리를 두게 하는 두 번째 이유는 그 실천들이 인간 존엄성의 근본을 해친다는 것이다. 조작을 실천하는 것은, 이런 가치가 오늘날 받아들여진다는 의미에서, 우리가 최종적으로 가장 지키고자 하는 것, '우리 자신이고자 하는 것'에 대한 존중을 반드시 잃게 만든다. 조작은 인간을 그 자신으로부터 빼앗는다. 그것은 인간을 타인의 장난감이 되게 한다. 은밀하게 인간의 의식을 파괴하여 그 자신과는 전혀 닮은 바가 없는 타인의 의식으로 재구성한다.

조작에 저항하다 보면 민주주의 사회에서의 말의 규범들에 관한 민감한 문제를 성찰하는 단계에 접어든다. 여기서는 두 가지의 암초들 사이를 잘 살펴 항해하면서 몇 가지를 성찰할 것이다. 암초들이란 하나는 극단적 자유주의로 이것은 말의 자유를 어떠한 규범도 다다를 수 없는 절대적인 것이 되게 한다. 다른 하나는 "정치적으로 올바름"에 대한, 미국에서 유행하는, 유혹들로서 이것들은 사실 새로운 형태의 검열을 만든다. 그 전에 조작을 비판하지 못하도록 방해하는 주요 저항들에 대해서 최종적으로 논의할 필요가 있다.

조작에 호의적인, 따져 볼 만한 세 가지 전제들

조작이 명백하게 비난을 받는다고 해도, 그것에 대한 비난은 일치하지도 즉각적인 것도 아니다. 어림도 없는 일이다. 조작의 기제가 눈에 보이지 않는다면, 그런 상황은 이해 가능하다. 그러나 조작을 명확하게 인지하면서도 그것의 원칙을 찬성하고 그러면서도 조작을 이용하는 자들에 속하지도 않는 사람들에 대해 어떻게 생각해야 하는가?

조작이 적용된 문헌들을 연구해 보면 조작이 얼마나 적법하게 사용되었으며 상당히 광범위하게 지지를 받았음을 확인하는 일이 매력적일 정도다. 이런 일이 1930년대 텍스트에만 적용되는 것은 아니다. 현재 생산되는 텍스트들도 대부분 마찬가지이다. 그런 방법이 사용되는 것은 바로 이전의 과거에서도 자주 정당화되었다. 차코틴은 이 문제에 대해서 아주 명료하게 다음과 같이 말했다. "인간 사회의 기본인 도덕적 원칙들을 어기지 않고도 활발하고 폭력적이기조차 한 선전 활동을 할 수 있다."[1] 이쯤에서 사람들이 그것에 대해 최소한의 것을 기대할 답가가 등장한다. 그 예로 아르망 마틀라르와 미셸 마틀라르는 미국의 사회학자 해럴드 D. 라스웰 Harold D. Lasswell이 다음과 같이 한 말을 상기시킨다. 라스웰은 초기 커뮤니케이션 전문가들 중 한 명이다. "선전은 그때부터 민주주의와 궁합이 들어맞는다. 선전은 대중의 지지를 불러일으키는 유일한 방법이다. 게다가 그것은 폭력이나 부패 혹은 정부가 실행하는 그런 종류의 다른 기술들보다 더 경제적이다."[2]

최근에 조작 방법들에 관한 그들의 명확하고 섬세한 분석을 우리가 앞에서 살펴보았던 줄과 보부아 같은 연구자들은 "누군가로 하여금 우리가 바라는 대로 행동하게 만드는 것은 사실 두 가지 효과적인 방법밖에는 없다. 그것은 권력을 (혹은 권력 관계를) 실행하거나 조작하는 것이다"라고 주장한다. 여기에 다음과 같이 덧붙인다. "사람들은 논증과 유혹의 불확실함을 신임할 수 있다."[3] 그러나 곧 그것이 모든 사람을 위한 것은 아니라는

1 Serge TCHAKHOTINE, 앞의 책, p. 559.

2 Armand과 Michèle MATTELART, 앞의 책, p. 19.

3 Robert-Vincent JOULE과 Jean-Léon BEAUVOIS, 앞의 책, pp. 11-12.

말을 덧붙인다. 그들의 결론은 다음과 같이 간단하다. "조작하지 않는다면, 그러면 무엇을 할 것인가?"

좀더 살펴보자면, 바츨라비크Watzlawick가 말한 "모든 것이 커뮤니케이션이다"를 환언하여 "모든 것이 조작이다"라고 주장하는 사람들도 있다. 피에르 레노Pierre Raynaud는 이런 주장을 지지하며, 선택을 할 수 있는 상황이 아니므로, "조작하는 기술"[4]을 개발하자고 제안한다. 설득을 연구하는 리오넬 베랑제는 그것을 "필요 악"이라 여긴다. "자리 잡은 명령이 고문과 강제의 명령이 아니라는 것을 조작이 우리에게 의미하는 이상, 조작이 교활한 폭력성을 지닌 표현일 뿐이라면" 어쩔 수 없다고 베랑제는 말한다. "설득을 모르는 차가운 권력기관과 힘의 지배보다는 거짓 꾸밈과 말의 다양한 교묘함과 우회적 표현이 더 낫다."[5] 이런 정당화는 매우 흔하며, 그 주제에 관한 공통된 의미 상황을 어느 정도 반영하는 것이다. 이것은 세 가지 전제를 근거로 하며, 그것들을 비평하기 위해서 우선 그 세 가지 전제들을 명확히 밝혀 보겠다.

첫 번째로, 그러한 입장은 세상에 관한 "현실적"으로 보이는 어떤 관점을 전제로 한다. 인간들은 천성적으로 공격적이고 폭력적이며 경쟁적이라는 것이다. 리오넬 베랑제는 우리 문화는 폭력성을 토대로 구축되었을 것이라는 앙리 라보리Henri Laborit의 주장을 지지한다. 이런 사실로 인해서 조작이 난폭함과 힘의 사용과 물리적인 폭력에 유일한 대안으로 등장한다. 사람들은 여기서, 보수적이고 지나치게 경직되었으며 세상에 대해 추상적인 이데올로기적 관점에 기반한 이 가짜 대안을 거부할 것이다. 물론 지배

---

4 Pierre RAYNAUD, *L'Art de manipuler*, Édition Ulrich, Paris, 1996.

5 Lionel BELLENGER, 앞의 책, p. 7.

와 권력을 실행하는 것은 우리 사회의 하나의 현실이지만, 그것은 긴 시간 동안 일어나는 진화 안에 포함되며, 진화는 사회적 관계들이 평화를 유지하는 것을 목격한다. 폭력 대신 말을 사용하는 민주주의는 이런 평정에 필수적인 단계였다. 말은 오늘날까지도 여전히 조작적인 폭력의 근거이지만, 그 무엇도 이런 관점이 발전하기를 바라는 희망을 방해하지 않는다.

두 번째로, 조작에 호의적인 이러한 입장은 도구들의 중립적 성격에 관한 어떤 믿음에 근거한다. 해럴드 D. 라스웰이 선전에 대하여 "단순한 도구인 선전은 '양수기의 크랭크'보다 더 도덕적이지도 더 비도덕적이지도 않다. 그것은 나쁜 목적에 사용될 수 있는 것처럼 좋은 목적에도 사용될 수 있다"[6]라고 말한 것처럼 말이다. 그러므로 설득하기 위한 기술들이 존재할 것이고, 모든 것은 그 기술들을 사용하는 사람의 의도에 달려 있을 것이다. 어떤 면에서는, "기술들의 중립성"은 자주 언급되는 주제이다. 그러나 이 경우에 중립성이란 무엇을 의미하는가? 원자폭탄은 중립적이며, 그것을 사용할 것을 결정하려면 누군가가 있어야 한다. 그렇지만 원자폭탄으로 파괴하고 죽이는 것 이외의 다른 것을 하기는 어렵다. 그것은 그럴 목적으로 만들어진 것이다. 따라서 일부 조작적인 방법들, 예를 들면 거짓 배치는 조작할 목적으로써만 사용된다. 이런 의미에서 그것들은 중립적이지 않다. 다른 방법들은, 예를 들면 유혹 같은 것은 주어진 어떤 맥락 안에서 합법적이다. 그러나 그것이 다른 것들을 위해서 사용된다면, 논증하기 위해서가 아니라 설득하기 위해서 유혹하는 것은 방법을 왜곡하는 것이다. 유혹이 유혹하기 위해서가 아니라 다르게 사용된다면, 그것은 더 이상 중립적인 방법이 아니다. 그것은 방향이 정해진 도구가 된다(이런 관점과 관련

6 Armand과 Michèle MATTELART, 앞의 책, p. 19.

하여 18세기에 흥미로운 반전이 일어났다. 실제로 라클로Laclos 이후로 논증하기 위해서 유혹하고 유혹하기 위해서 논증을 한다). 어쨌든 도구들의 중립성에 기대어 방법들을 모두 혼동해서 그것들을 사용하는 사람들이 선한 목적으로 사용할 것이라는 구실로 그들을 정당화할 수는 없다. 이런 전제는 사실 다른 것을 감추고 있다. 그것은 정당한 이유는 그것이 사용하는 방법들을 신성화하고, 그 방법들을 "정당한 방법들"로 변화시킬 것이라는 믿음이다. 이런 믿음은 목적들의 윤리와 방법들의 윤리 사이의 구별이 없어지면서 생겨난다.

조작에 호의적인 세 번째 논거는 앞의 두 논거보다 저항력이 더 강하다. 그것은 조작을 약자들을 방어하기 위한 무기로 표현한다. "권력과 압력을 가할 방법이 없는 사람들이 사용하는 최후의 수단들"[7]이라고 생각하는 줄과 보부아의 입장이 바로 이것이다. 사회문제로 관점을 돌리면, 다음과 같은 질문이 가능할 것이다. 민주주의가 위협을 당할 때, 그것을 지키기 위해서 민주적이지 않은 방법들을 사용하는 것이 옳은가? 대답은 물론 그렇다이다. 그러나 그런 제한적인 경우들은 드물며, 그런 경우들은 위급한 상황일 경우만 가능할 것이다. 우리로서는 일상생활에서 일어나는 조작에 대해 말하는 것이며, 이런 경우는 권력자들을 위해서 훨씬 더 많이 사용된다. "힘없는 사람들"을 위해 그런 방법들을 사용하는 관용적인 태도는 힘없는 사람들보다는 권력자들에게 오히려 더 득이 될 것이다.

조작과 그 효과에 맞서 싸우는 그 절대적인 필요성을 우리가 항상 자각하고 있는 것은 아니다. 그것은 우선 부분적으로는 그들의 의식에, 또는 전체적으로 항상 파괴적이고 감정적이며 정신적인 감금 상태에 처한, 직접

7 Robert-Vincent JOULE et Jean-Léon BEAUVOIS, 앞의 책, p. 12.

적으로 관련된 사람들을 보호하게 한다. 그리고 그런 유형의 행위가 일어날 때마다 손상을 입는 민주적 영역을 보호하는 데 기여한다.

조작에 맞서서 무엇을 하는가?

조작과 그 효과에 맞서 싸우면 우선, 시민적이며 동시에 인간적인 어떤 자질로 인해서, 각자가 조작적인 발화를 해독하고 폭로하는 능력을 키우게 된다. 그것은 우리가 앞에서 보았던 대로 너무 필수적인 나머지 이런 기능을 충족시킬 요량으로 중재자들을 믿어서는 안 된다. 이 중재자들이 그런 폭로를 완벽하게 할 수 있다고 갑자기 밝혀진다 하더라도 그것은 우리들 각자가 미디어에 완전하게 그리고 맹목적으로 맡기지 않고 그런 능력을 수행하는 것을 면제해 주지는 않을 것이다. 그런 해독 능력은 마찬가지로 그런 방법들을 사용할지 말지의 선택에 직면한 각자가 개인적인 책임을 수행하게 한다.

해독하는 법을 배우기

해독하는 법을 배우려면 어떤 기술적인 수련 과정을 거치게 된다. 조작 방법들을 냉철하게 분석할 수 있으려면 그것들을 잘 알아야 한다. 우리의 대학이나 학교 시스템은 이 필수적인 임무에 대해서 현재로서는 우리의 도움이 되지 못한다. 우리에게는 "메시지를 분석하는 수련"이라고 부를 수 있을 무언가가 부족하다. 이것의 부재가 더욱더 유감스러운 것은 현대 사회에서 커뮤니케이션이 불가피한 요소가 되었기 때문이고, 우리의 사회적 환경이 세상과 우리 사이에 존재하는 가장 다양한 메시지들로 오늘날 가득 차 있기 때문이다.

전달된 메시지를 분석할 수 있거나 메시지들이 만들어 내는 효과의 포로가 되는 것이 오늘날의 사회적 불평등을 야기하는 주된 원인들 중 하나일 수 있다. 우리의 수련 방식은 시급하게 소통적 기제들과 논증 과정들, 조작 방법들을 이해하는 것을 중시해야 한다. 우리가 그것들을 하는 그 이유와 우리가 어떻게 우리의 결정 기반을 구축하는 의견을 형성하는지를 보다 잘 알 필요가 있다. 조작하는 기술들이 이성에서 약간 벗어나는 것에 만족하지 않고, 오히려 자신과 타인들에 대한 지식의 격을 떨어뜨리면서 노리는 것이 정확히 이런 지식이다.

해독하는 방법을 배운다는 것은 억압적인 어떤 발화를 기술적으로 단순히 식별할 줄 아는 것이 아니다. 그것은 필요한 경우에는 공개적으로 거부하는 역설적인 입장에 설 수 있는 것이기도 하다. 그것은 타인들과 막힘없이 소통하면서도 쉽게 영향을 받지 않는 존재가 되는 법을 배우는 것이다. 해독은 폐쇄가 아니다. 그것은 반대로 세상에서 훨씬 앞서 나가게 해 주는 별도의 필수적 과정을 구성한다.

TV 광고의 예가 그런 해독이 어떤 과정으로 일어날 수 있는지 보여 준다. 해독은 우선 분석이기 이전에 태도로 나타난다. 우선 원치 않는 메시지들에 강제로 노출될 필요는 없다는 것을 상기해야 한다. 많은 시청자들이 TV 프로그램의 그런 부분을 보지 않는 것을 선택한다. 관심이 없고 짜증나서이기도 하지만, 조작에 노출될까 봐 두렵기 때문이기도 하다. 하지만 우리는 광고를 보는 것을 선택할 수도 있다. 광고의 모든 메시지들이 조작적인 것은 아니며, 광고는 정보적 차원을 포함한다. 이것은 간과할 수 없는 부분이며 유용한 경우도 있다. 그 핵심적인 괴리는 사람들이 받아들이는 메시지 앞에서 어떤 자세를 취하는지와 관련된다. 그 메시지들 쪽으로 가도록 스스로를 내버려둘 것인가 아니면, 그것들을 비판적인 시선은 아니더라도, 적어도 의문이 섞인 시선으로 받아들여야 할까?

이런 자세의 기저는 우리가 쳐다보고 있는 것은 우리 외부에 존재하는 현실을 보여 주는 것이 아니라, 어떤 만들어진 메시지가 우리에게 전달된다는 생각과 관련된다. 그때부터 제기된 그 질문들은 명확해지고 생산적인 것이 된다. 우리에게 무엇을 말하고자 하는 것인가? 우리에게 그것을 어떻게 말하는가? 우리의 어떤 부분에 호소하는 것인가? 이 단계에서는 (깊은 분석은커녕) 분석표도 주석도 개론서도 필요 없다. 그저 다르게 보는 시선, 어떤 광경의 수동적인 수신자이기를 멈추고, 이해하려고 애쓰면서도 그것을 말하도록 스스로를 방치하지 않는 어떤 수용의 주체이면 된다.

조작과의 접촉을 피해야 하는가? 아니면, 오히려 조작이 내뿜은 에너지를 활용하여 조작이 스스로 돌아서도록 해야 하는가? 조작을 좌절시키는 것은 그것을 애쓴 사람을 성장시키며, 그 사실은 사람이 자유롭다는 것을 다시 느끼게 한다. 거기에서 얻을 수 있는 기쁨은 비판적인 추론이 도모하는 발견에만 관련된 것은 아니다. 그것은 어떤 단순한 인지적인 기쁨이 아니라, 특별한 어떤 존재로서 스스로 경험하는 기쁨이기도 하다. 어떤 세계의 평면은 우리가 그것을 깨닫는 순간부터는 더 이상 단순한 인형극이 아니기 때문이다.

그의 개인적인 책임을 수행하기

이런 인식의 첫 번째 단계는 조작이라는 것을 깨닫지 못하거나, 그것의 영향력을 가늠하지 않은 상태에서 우리가 스스로 사용할 조작 방법들에 대한 내적인 탐색 과정을 거치는 것이다. 우리들 중 가장 선의를 가진 사람이 그 내용을 잘 안다면 거절했을 법한 방법들을 사용하도록 휘말리는 일이 드물지 않다. 주의 깊은 독자가 조작에 관한 이러저러한 텍스트의 완곡한 표현에서 자기 자신의 행동 일부를 발견하지 못하는 일도 드물지 않다. 조작기술들은 우리 사회적 존재들을 슬며시 포섭하므로 대부분 식별하기 힘들다. 이런 사실은 의식을 약화시키는 원인이기보다는 경계와 책임을 요구하는 것이다.

연설가의 윤리란 무엇인가? 즉, 설득하기 위해서 청중에게 말을 전하는 책임을 진 사람의 윤리란 무엇인가? 그 책임은 단순하지만, 핵심적인 어떤 규칙에 근거할 수 있을 것이다. 즉, 설득하기 위해 주장하는 사람은 청중이 그 메시지를 받아들이는 방식에 책임이 있다. 그는 이런 경우에 만들어지는 관계의 주동자이며, 무엇보다도 타자가 자신에게 제안된 의견을 완전히 자유로운 상태에서 지지하도록 보장하기 위해서 모든 것을 다해야 한다. 연설가는 청중의 자유를 보장하고 책임을 지는 자이다. 바로 이것이 어느 조작하는 이야기가 커뮤니케이션에 침입해서 그것을 도구화하는 것을 피할 수 있게 해 주는 철칙이다.

그러한 주장은 기막힌 역설 하나를 가지고 있다. 누군가가 설득하고자 한다면(특히 자기가 보기에 자신의 주장이 올바르고 정당하다고 판단한다면), 그가 취할 수 있는 모든 수단들을 갖추어서는 안 되는가? 어떻게 설득하고자 하는 압박과 타인이 또 다른 선택을 하도록 내버려두고자 하는 의지를 조정할 것인가? 책임을 실행한다는 것은 여기서 그 어느 때보다 더 힘과 표현의 능력과 조작 방법들의 효율성을 포기하는 어떤 윤리를 전제로 하는 것이다. 그 대신에 각자가 타인의 자유를 보장하는 당사자이기도

할 사회적 관계가 그려진다.

말의 자유는 규범적인 일이기도 하다

우리는 지금까지 말의 자유가 민주주의의 핵심적인 특성이라고 수없이 강조했다. 우리들 중 대부분은 그 문제에 깊이 천착했고 지지자들이 없는 것은 아니다. 매우 일반적인 합의를 넘어서서, 말의 자유를 어떻게 정의하는가? 우리는 이런 이야기를 하는 동안 내내 가치들과 사상들, 표현들의 세계와 그것들을 공유하기 위해서, 그것을 타인에게 설득하기 위해서 사용되는 기술들의 세계를 구분하여 변론했다.

이런 구분은 기본적인 것이다. 어떤 의견을 사용하는 것은 그 자체에만 관계된다. 이런 행위는 무엇보다도 우선 내면성, 각자의 의식을 동원한다. 본질적으로 사회적 어떤 행위와는 관련이 없다. 반대로, 그 의식을 공유하고자 하는 것은 사회적 관계와 연관되며, 설득과 표현 기술들을 통해 전개되는 책임을 전제로 한다. 민주주의는 각자가 의견을 가질 권리를 보장한다. 바로 이런 상징적이고 정치적인 체제가 개인적인 의식을 갖는 것을 가능하게 했고, 우리들이 드러날 내면적인 공간들을 구축하게 했다. 반대로 이 체제는 개인이 거의 자리를 차지하지 못하는 전체적인 공동체 관계와는 다른 사회적 관계를 허용했다. 이 권리는 침해할 수 없는 것이다. 그것은 모든 것, 모든 생각과 모든 의견들을 허용한다. 민주주의에서 의견은 신성한 것이고 모든 의견은 합법적일 뿐만 아니라 우리의 존재를 구성하는 것이라고 여겨져야 할 것이다. 따라서 실천에서와 마찬가지로 이론에서 모든 것을 말할 수 있어야 할 것이다. 모든 것을 말한다, 맞는 말이다. 그렇정된, 현대적인 존재에 대한 옹호는 수요와 공급의 법칙을 담화의 자유에 대한 핵심적인 기준으로 삼게 한다. 다른 모든 개념은 검열과 비슷하게 인식된다.

그런데 제약이 항상 폐쇄인 것만은 아니다. 그것은 또 다른 개방이며, 우리로 하여금 다른 길을 열게 하는 길 하나를 포기하는 것이다. 모든 것을 말하도록 허용하지 않는 것이 반드시 검열하는 것은 아니다.

우리 땅에 거주하는 외국인들의 존재와 실업 문제를 혼합시켜 버리는 외국인 혐오 문제를 그 사례로 들어 보자. 조작하는 방식으로만 표현될 수 있는 그런 발언은 결과적으로 사람들이 실업과 그 원인들에 관한 다른 의견들로 설득되는 것을 방해한다. 이런 것이 선동의 효과이다. 선동은 그것의 포섭자들을 지적으로 결박한다. 공공장소에서 이런 혼합 형태의 표현을 제한하는 것은 결과적으로 토론을 금하거나 말을 검열하는 것이 아니라, 반대로, 토론의 공간을 여는 것이고, 실업의 원인에 대한 다양한 질문들을 가능하게 한다. 어떤 규범을 강요하는 것은 어떤 의미로는 허용된 선동적인 행위가 사실상 다시 감금시키려고 하는 말을 자유롭게 하는 것이다.

규범들의 내재화

생각을 소통시키는 모든 방법들이 올바른 것은 아니라는 사실을 확인했기에 규범들의 확립이 필요해졌다. 이 규범들이란 것은 반드시 법적인 것인가? 담화 안에서 규범들을 그렇게 제안하다가 말썽이 생긴 적은 없는가? 우선 담화는 규범들로부터 만들어진다는 것을 상기하자. 완전히 자유로운, 경계가 없는 담화에 대한 자유로운 환상은, 말하는 것 자체가 이미 막

아서는 것이 되게 하는 언어 행위의 구조적이고 사회적인 현실에 부닥친다. 말이 생산하는 이런 다양한 울타리는 시간과 관습에 상대적으로 작용한다. 그 울타리들이 언제나 집단이나 개인적인 선택의 대상이 되는 것은 아니지만, 그것들은 내재화되며 결국 용인된다.

말의 규범적인 구성이 무엇을 표현할 수 있을지 알려면, 지금은 내재화된 사회적 규범들이 이미 구성되어 있는 이전 단계들을 참고할 수 있다. 현대적 문명이 발전하는 과정은 사회적 관계 내에서 발생하는 폭력을 거부하는 데 대부분의 시간을 소비했다. 이 부분과 관련된 가장 멋진 혁신은 아득한 먼 옛날부터 있어 왔던 사적인 복수를 포기한 일일 것이다. 이런 사적인 복수의 포기는 그리스에서 민주주의가 유지되던 시기에 빛을 보게 된다. 이런 변화는 도시국가를 구성하는 가치로서 사람들 사이에 평등이 깨지면서 일어난다. 베르낭은 이에 대해 다음과 같이 말했다. "살인이 피의 복수로 일어나는 … 사적인 사건이 되는 일이 끝난다. 이런 복수는 제한된 좁은 범위 안에서 일어나고, 죽은 자의 부모들에게는 의무이며, 살인과 보복 살인이라는 치명적인 순환을 발생시킬 수 있다. 그것은 집단에 의해 통제되고, 공동체가 이러저러하게 개입하는 도시국가 안에서 구성된 어떤 억압으로 대체된다."[8] 우리는 그런 변화가 일으켜야 했던 의식들의 혁신을 아마도 제대로 상상하기 힘들다. 그 혁신은 도시국가가 표현한 공동체 내의 평등 의식의 힘과 거대한 신뢰의 힘을 제대로 보여 준다.

그런 규범은 오늘날 거의 완전히 내재화되어 있다. 사회적 공간에서 매우 중요한 자리를 차지했던 개인적인 복수를 포기한 것은 제약이라기보다는 개방을 한 것이다. 사람들 사이의 관계를 매개하는 법이란 것을 만듦으

8 Jean-Pierre VERNANT, *Les Origines de la pensée grecque*, PUF, Paris, 1962.

로써 화평한 사회적 관계를 받아들이는 방법 안에서 자유화를 한 것이다. 이제는 말과 관련될 새로운 규범들을 오늘날 상상해서는 안 되는가? 이 문제에서 중요한 질문은 바로 그런 규범들이 무엇을 근거로 구축되는지를 아느냐의 문제이다.

표현의 자유와 수용의 자유

어떤 합의가—적어도 민주주의자들 사이에서는—이루어진 말의 자유가 오직 표현의 자유에만 너무 자주 동일시되는 것은 아닌가? 우리는 말의 관점을 너무 제약하는 체제하에 살고 있지 않는가? 말의 자유라는 것은 말이 가장 자유롭게 순환하는 것이 가능하다는 것을 전제로 하는 것이다. 이 책의 앞부분에서 인용했던 에마뉘엘 테레Emmanuel Terray의 서술을 되풀이하자면, 민주주의적 창안은, 그 구역 바깥에 존재하는 불평등이 어떠하건 간에, 그 안에서는 모든 이들이 평등하기로 결정한 구역을 사회적 공간 안에서 뚜렷이 드러나도록 하는 것이다.

평등, 대칭은 그 구역 내부에서 말과 그것의 순환이 관련된 근본적인 가치들을 구성한다. 누구나 자유롭게 표현할 권리가 있지만, 이런 가능성이 명시된 조건은 누구나 그 평등이 유지되는 공간 안에 돌아다니는 메세지들을 자유롭게 취할 권리가 있는 것이다. 이런 근본적인 두 자유에 전달의 권리(중재의 자유)를 덧붙여야 한다. 따라서 말의 자유는, 표현의 자유로 단순하게 축소되기보다는, 그 세 가지 구성 요소 안에서 그리고 그 결과로 인한 복잡성 안에서 고려되어야 한다.

표현의 자유를 보호하는 것은 반드시 필요한 것이고, 수용의 자유를 보호하는 것도 똑같이 반드시 필요하다. 그런데 우리의 민주주의 체제들은 첫 번째 것은 까다롭게 보호하지만, 두 번째 것에는 거의 관심이 없다. 말의 조작이 가능한 것은 바로 이런 불균형 때문이다. 표현 행위, 특히 설득하기 위한 표현 행위에는 어떠한 제한도 결정된 것이 없다. 설득에 가해지는 제한이란 조작기술들이 제한하는 바로 그것, 설득되는 청중의 자유이다. 말의 자유로부터 표현의 자유뿐만 아니라, 중재의 자유까지, 특히 수용의 자유로까지 확장하는 것은 민주주의의 상위 단계에, 간단하게는 자유의 만개에 해당할 것이다.

규범들과 수용의 자유

말을 제한하지 않으면서, 그 말을 현재 억제하고 있는 족쇄들로부터 말을 해방할 그런 규범들을 기술적으로 어떻게 확립할 것인가? 우리가 조작을 거부하는 것은 기술적인 일이기 이전에 오히려 윤리적 입장의 문제라고 앞에서 언급했다. 그런데 이 윤리적인 입장의 문제가 현실과 그것의 해로운 결과라는 덫에 잠재적으로 걸린 이상적인 것이 되지 않으려면, 정보적인 입장을 취해야 한다. 우리 현대 사회에서 조작에 익숙해짐으로써 발생하는 주요 위험요소들 중 하나가 보편적인 불신이다. 조작은 설득하려는 모든 시도에 이 보편적인 불신이 번지게 할 위험이 있다. 그런 위험이 존재한다는 것은 조작적이지 않을 설득 형태들이 존재한다는 것을 의미한다. 수용의 자유—즉 말의 완전한 자유—를 보증할 모든 규범은 조작과는 다르게, 수용할 만한 설득의 기술로서 논증이 무엇인지에 관한 아직도 폭넓게 구성해야 할 어떤 성찰로부터 영감을 얻어야 할 것이다.

앞으로의 (여기서는 언급만 할 뿐이고) 연구 대상인 이 문제는 간단하지 않다. 명확하게 설정되고, 안정적이고, 쉽게 정의할 수 있는 경계들이 논증과 조작을 구분해 준다면, 그 문제는 간단할 것이다. 그러나 이것은 적어도 두 가지 이유로 그런 경우에 해당되지 않는다. 첫 번째는 논증과 조작이 같은 연속체에 속하는, 즉 설득하기 위한 기술들에 속하기 때문이다. 권위적인 논증과 부당하게 설득하기 위해서 자신의 권위로 압박을 가하는 조작의 경우를 살펴보자. 권위적인 논증은 진정한 논증으로, 즉 그것을 받아들일지 말지가 자유로운, 타인에게 제시되는 제안이다. 그것은 예를 들어 능력에 의존하는 것이며, 능력은 어떤 의견을 타당하게 만든다. 그 의견은 그 이전에 청중의 것이 아니었으나, 결과적으로 청중은 그 권위를 신뢰하고 그것을 신임할 것이다. 권위적인 유혹을 동원하는 호소는 그 본질을 그런 종류의 조작으로 만들고 특히 강압하기 위해, 청중으로 하여금 그에게 제안된 것과 다른 선택을 하는 것을 방해하기 위해 구상된다. 어느 경우에는 권위가 제안을 하지만 다른 경우에는 강요한다.

논증과 조작이 이처럼 분명하게 구분되는 것 같지만 실제로는 그렇지도 않다. 어떤 경우에는 분명하게 논증과 상대하지만, 다른 경우에는 분명하게 조작을 상대하고 있다. 그렇지만 이런 상황은 서로가 상호적으로 작용하는 경우에 비해서 부차적이며 자주 일어나지 않는다. 상호작용하는 경우에는 비연속이라기보다는 연속되는 어느 과정에 속하는, 설득을 위한 다양한 행동 방법들 중에서 논증적인 요소와 조작적인 요소가 다양한 강도로 서로 섞인다. 조작이 항상 존재한다고 주장하는 사람들이, 이런 관점에서 보면 완전히 틀린 것은 아니다(반대로 이 사람들이 설득 문제에서 그런 점만을 파악한 것은 틀린 것이다). 그 문제는 오히려 어떻게 하면 설득을 목적으로 하는 모든 발화에서 조작적인 부분의 강도를 약하게 할 것인지, 그것을 가능하다면 효과가 없게 만들 것인지를 알아내는 것이 중요하다.

논증과 조작 사이에 명확한 구분을 어렵게 하는 두 번째 이유는 모든 것이 결국은 설득이 작용하고 있는 특별한 커뮤니케이션 상황에 달려 있기 때문이다. 주어진 어떤 발화는 상호작용을 하는 그런 상대편들 사이에서, 예를 들어 청중이 그 발화를 그렇게 해독할 능력이 없다면 조작적일 것이다. 발화는 청중을 문자 그대로 사로잡고, 때로는 메시지의 주인이 그것을 원하지 않을지라도 조작될 것이다. 또 다른 맥락에서는, 토론의 대상이 되는 정확한 문제를 미리 알고 있는 상대편들 사이에서, 조작적일 수 있는 발화가 의견 교환을 활발하게 하는 원천이 될 수 있을 것이다. 따라서 이 분야에서 규범을 구성하는 것에 관계들의 풍부함과 특이성을 고려해야 한다. 이런 어려움은 커뮤니케이션이 중재되는 상황에서 커진다. 이런 상황에서는 같은 메시지가 한쪽 청중에게는 조작적으로 느껴질 수 있지만 그 조작의 덫이 실패했을 다른 청중에게는 전혀 그렇게 느껴지지 않을 수 있다.

수용의 자유를 보장할 규범을 구성하는 것은 따라서 수련의 한가운데, 즉 교육과 연구 시스템에서만 할 수 있는 활발한 성찰에 근본적으로 속한다. 결국 이것은 바로 설득이 현재의 일탈을 인식할 수 있었던 수련 밖에서 발달했기 때문이다. 규범이란, 그것이 무엇이든지 간에 함께 존재하는 그들의 방식 안에서 사람들을 발전하게 하는 어떤 근본적인 요구를 하는 이들의 수련 안에서의 통합을 항상 의미한다. 한때 고전 수사학이 수행했던, 수련과 기술 사이의 조화는 다시 주목을 받고 있고, 그 조화는 아마도 그런 규범들이 탄생할 수 있는 유일한 장소인 새로운 수사학을 요청하고 있다.

작에 민감해진 나머지 그들의 말만을 인용할 뿐 극우 지지자들과 양심 없는 상인들에게 그 영역을 자유로이 맡긴 채, 조작이 방해 없이 전개되는 것에 대한 대비를 더 이상 하지 않는다. 우리 사회는 스스로를 보호해야 하며, 영향력 있는 의견에 가장 취약한 우리 사회 일원들을 보호해야 한다.

보다 멋진 민주주의를 완성하기 위하여 진정한 말의 자유를 꽃피울 수 있는 조건들을 성찰할 때가 된 것 같다.

참고문헌

ACHARD Guy, *La Communication à Rome*, Payot, Paris, 1994.

ARISTOTE, *Rhétorique*, livre 1, texte établi et traduit par Médéric Dufour, Les Belles Lettres, Paris, 1967.

Article «Propagande», *Encyclopaedia Universalis*, Paris, 1995.

Article «Propagande», *Dictionnaire historique de la langue française,* Dictionnaires Le Robert, Paris, 1992, p. 1649.

Article «Propagande» rédigé par GUY DURANDIN, *Dictionnaire critique de la communication*, sous la direction de Lucien SFEZ, PUF, Paris, 1993.

Article «Terreur», *Dictionnaire historique de la langue française*, Paris, 1992, p. 2108.

BANDLER Richard et GRINDER John, *Les Secrets de la communication, les techniques de la PNL*, Le Jour éditeur, Montréal, 1982.

BARTHES Roland, «L'ancienne rhétorique», *Communications «Recherches rhétoriques»*, no 16, Seuil, Paris, 1970.

BELLENGER Lionel, La Persuasion, «Que sais-je ?», no 238, PUF, Paris, 1985.

BENOIT Ch., *Essai historique sur les premiers manuels d'invention oratoire jusqu'à Aristote*, 1846, Vrin reprise, Paris, 1983.

BERNSTEIN Richard, «Bill Clinton, le "président ado"», *Le Monde*, Paris, 7 novembre 1996.

BLOCISZEWSKI Jacques, «Publicité et manipulation sociale», *Le Monde diplomatique*, Paris, mars 1993.

BONNAFOUS Simone, The method of argumentation of Jean-Marie Le Pen, Leader of the French extreme-right wing in an important political television program (1995) in *Politically speaking: a worldwide examination of language use in the public sphere*, Christ'I De Landhster et Ofer Feldman (Dir.) Greenwood Publishing House, Wesport C+, USA, 1997.

BOUDON Raymond, *L'Art de se persuader des idées douteuses, fragiles ou fausses*, Points Seuil, Paris, 1990.

BRETON Philippe, *À L'image de l'homme, du golem aux créatures virtuelles*, Seuil, Paris, 1995.

BRETON Philippe, *L'Utopie de la communication*, La Découverte/Poche, Paris, 1997.

BRETON Philippe et PROULX Serge, *L'Explosion de la communication, la naissance d'une nouvelle idéologie*, Poche/Découverte, Paris, 1996.

BRETON Philippe, «Faut-il appliquer le principe de laïcité à Internet?», revue *Terminal*, été-automne 1996.

BRETON Philippe, *L'Argumentation dans la communication*, La Découverte, «Repères», Paris, 1996.

CICÉRON QUINTUS, *Petit Manuel de campagne électorale*, Arléa, Paris, 1996.

COLLON Michel, *Attention médias!*, EPO, Bruxelles, 1994.

COMPAGNON Antoine, *La Troisième République des lettres*, Seuil, Paris, 1983.

DAYAN Daniel, «Les mystères de la réception», *Le Débat*, no 71, Paris, 1992.

DEBRAY Régis, interview dans *Sciences Humaines*, no 38, Paris, avril 1994.

DUMONT Louis, *Essai sur l'individualisme, une perspective anthropologique sur l'idéologie moderne*, Essais, Paris, 1983.

ELLUL Jacques, *Histoire de la propagande*, PUF, «Que sais-je ?», Paris, 1967.

ÉPICTÈTE, Manuel, trad. M. Meunier, Garnier-Flammarion, Paris, 1964.

EWEN Stuart, *Consciences sous influence*, Aubier, Res, Paris, 1983.

FERENCZI Thomas, «L'avis du médiateur», *Le Monde* 29-30 décembre 1996.

FLEURY-VILATTE Béatrice (sous la dir. de), *Les Médias et la guerre du Golfe*, Presses universitaires de Nancy, Nancy, 1992.

FREUND Andreas, *La Mésinformation*, La Pensée sauvage, Paris, 1991.
FUMAROLI Marc, *L'Âge de l'éloquence,* Albin Michel, Paris, 1994.
GAUTHIER Gilles, «La mise en cause de l'objectivité journalistique», *Communications*, vol. 12, no 2, Paris, 1991.
GILLOIRE Christophe, *Communication et travail en entreprise, limites des approches scientifiques*, mémoire de DEA en sciences politiques, Sorbonne, Paris-I, Paris, 1996.
GOLDHAGEN Daniel Jonah, *Les Bourreaux volontaires de Hitler*, Seuil, Paris, 1997.
GOLOMSTOCK Igor, *L'Art totalitaire*, Éditions Carré, Paris, 1991.
GOYET Francis, *Rhétorique de la tribu, rhétorique de l'État*, PUF, Paris, 1994.
GRIMAL Pierre, *La Civilisation romaine*, Arthaud, 1968.
GRUNIG Blanche, *Les Mots de la publicité, l'architecture du slogan*, Presses du CNRS, Paris, 1990.
GUSDORF Georges, *La Parole*, PUF, Paris, 1952.
HARTOG François, «Liberté des anciens, liberté des modernes: la Révolution française et l'Antiquité», *Les Grecs, les Romains et nous, l'Antiquité est-elle moderne?*, textes réunis par Roger-Pol Droit, *Le Monde* Éditions, Paris, 1991, pp. 119-138.
HILL Catherine, DOYON Françoise et SANCHO-GARNIER Hélène, *Épidémiologie des cancers*, Éditions Flammarion, «Médecine-Sciences», Paris, 1997.
INCIYAN Erich, «La police des polices enquête sur une officine de coups tordus au ministère de l'Intérieur», *Le Monde*, Paris, 17 octobre 1995.
JOULE Robert-Vincent et BEAUVOIS Jean-Léon, *Petit Traité de manipulation à l'usage des honnêtes gens*, Presses universitaires de Grenoble, Grenoble, 1987.
KOREN Roselyne, «L'argumentaire de l'Un dans le regard de l'Autre, le jeu des dénominations», *Mots*, no 50, Paris, mars 1997.
LABORDE Genie, *Influencer avec intégrité*, InterÉditions, Paris, 1987.
LE BRETON David, *Anthropologie du corps et modernité,* PUF, Paris, 1990.
LE BRETON David, *Le Silence*, Éditions Métailié, Paris, 1997.
LE GOFF Jean-Pierre, *Le Mythe de l'entreprise*, La Découverte, Paris, 1992.

LIPOVETSKY Gilles, *L'Empire de l'éphémère*, Gallimard, Paris, 1987.
MARC Aurèle, *Pensées pour moi-même*, trad. M. Meunier, Garnier-Flammarion, Paris, 1964.
MATTELART Armand et Michèle, *Histoire des théories de la communication*, La Découverte, «Repères», Paris, 1995.
MICHAUD Éric, *Un art de l'éternité*, Gallimard, Paris, 1996.
NANCY Jean-Luc et LACOUE-LABARTHE Philippe, *Le Mythe nazi*, Éditions de l'Aube, La Tour-d'Aigues, Paris, 1991.
OLÉRON Pierre, *L'Argumentation*, PUF, «Que sais-je ?», no 2087, Paris, 1993.
PACKARD Vance, *La persuasion clandestine*, Calmann-Lévy, Paris, 1958, 1984.
PELEMAN Chaïm et OLBRECHTS-TYTECA Lucie, *Traité de l'argumentation, la nouvelle rhétorique*, Éditions de l'université de Bruxelles, Bruxelles, 1970.
POIROT-DELPECH Bertrand, «Rectificatifs», *Le Monde*, Paris, 22 janvier 1997.
RAYNAUD Pierre, *L'Art de manipuler*, Éditions Ulrich, Paris, 1996.
REBOUL Olivier, *Introduction à la rhétorique*, PUF, coll. «Premier cycle», Paris, 1991.
REMILLEUX Jean-Louis, *Le Salaud lumineux*, Michel Lafon, Édition° 1, Paris, 1990.
RENAUT Alain, *L'individu, réflexions sur la philosophie du sujet*, Hatier, «Optiques philosophie», Paris, 1995.
RICHELLE Marc, article «Conditionnement», *Encyclopaedia universalis*, Paris, 1995.
RIESMAN David, *La Foule solitaire, anatomie de la société moderne*, Arthaud, 1964.
SFEZ Lucien, *Critique de la communication*, Seuil, Paris, 1988.
SLAMA Alain-Gérard, *L'Angélisme exterminateur. Essai sur l'ordre moral contemporain*, Grasset, «Pluriel», Paris, 1995.
STEINER George, *Dans le château de Barbe-Bleue*, Gallimard, «Folio essai», Paris, 1973.
STEINER George, *Réelles Présences, les arts du sens*, Gallimard, Paris, 1991.
SUN TSÉ, *L'Art de la guerre*, L'Impensé radical, Paris, 1978.
TACITE, *Dialogue des orateurs*, Société d'édition «Les Belles Lettres», 1985.

TCHAKHOTINE Serge, *Le Viol des foules par la propagande politique,* Gallimard, Paris, 1952.

TERRAY Emmanuel, «Égalité des anciens, égalité des modernes», *Les Grecs, les Romains et nous, l'Antiquité est-elle moderne?*, textes réunis par Roger-Pol Droit, Le Monde Éditions, Paris, 1991.

VERNANT Jean-Pierre, *Les Origines de la pensée grecque*, PUF, Paris, 1962.

WATZLAWICK Paul, *La Réalité de la réalité, Confusion, désinformation, communication,* Seuil, Paris, 1978.

WATZLAWICK Paul, WEAKLAND John et Richard FISCH, *Changements, paradoxes et psychothérapie,* Seuil, Paris, 1975.

WATZLAWICK Paul, *Le Langage du changement, éléments de communication thérapeuthique,* Seuil, Paris, 1980.

WATZLAWICK Paul, *Une logique de la communication,* Seuil, Paris, 1976.

WINDISCH Uli, «L'argumentation politique: un phénomène social total, pour une sociologie radicalement quotidienne», *Année sociologique*, Paris, juin 1995.

WINKIN Yves, «Éléments pour un procès de la PNL», *MédiAnalyses*, no 7, Paris, septembre 1990, pp. 43-50.

조작된 말 수사학총서 · 15

초판 발행 1쇄 2020년 6월 15일

지은이 필리프 브르통
옮긴이 박선희

펴낸곳 고려대학교출판문화원
www.kupress.com
kupress@korea.ac.kr
(02841) 서울특별시 성북구 안암로 145
Tel 02-3290-4230, 4232
Fax 02-923-6311
찍은곳 네오프린텍(주)

ISBN 979-11-90205-25-2 93800

값 18,000원
※ 잘못 만들어진 책은 바꿔드립니다.